广东省土地利用时空差异特征研究

广东省土地调查规划院　编著

北京航空航天大学出版社

内 容 简 介

　　本书内容共分为6章，包括第三次全国国土调查，广东省土地资源概况，土地利用时空变化特征，耕地变化驱动机制分析，建设用地变化驱动机制分析，土地利用对策与建议。本书内容基于广东省"三调"数据成果开展的系列研究分析，并形成了对全省土地利用的客观建议，以期为相关单位掌握广东省土地资源利用情况和内在机制、开展相关土地研究提供参考。

图书在版编目（CIP）数据

　　广东省土地利用时空差异特征研究 / 广东省土地调查规划院编著. —北京：北京航空航天大学出版社，2022.7

　　ISBN 978-7-5124-3828-6

　　Ⅰ.①广⋯　Ⅱ.①广⋯　Ⅲ.①土地利用–研究–广东　Ⅳ.①F321.1

　　中国版本图书馆CIP数据核字（2022）第110955号

广东省土地利用时空差异特征研究

广东省土地调查规划院　编著

责任编辑　董宜斌

*

北京航空航天大学出版社出版发行

北京市海淀区学院路 37 号（邮编 100191）　http：//www.buaapress.com.cn

发行部电话：（010）82317024　传真：（010）82328026

读者信箱：copyrights@buaacm.com.cn　邮购电话：（010）82316936

北京富资园科技发展有限公司印装　各地书店经销

*

开本：710×1000　1/16　印张：10　字数：168 千字

2022 年 7 月第 1 版　　2022 年 7 月第 1 次印刷

ISBN 978-7-5124-3828-6　定价：69.00 元

编 委 会

前　言

　　土地作为一种稀缺且不可再生的资源，是一个国家最基础且根本的财富。掌握准确的土地利用现状资料，是国家实施可持续发展战略、全面建设小康社会的根本保障，是有效保护耕地、保护土地生态环境、合理开发利用土地，以及制定合理科学的规划依据的前提。我国的《土地调查条例实施办法》规定：国家根据国民经济和社会发展需要，每十年进行一次全国土地调查。掌握真实准确的土地基础数据，是推进国土治理体系和治理能力现代化、促进经济社会全面协调可持续发展的客观要求；是加快推进生态文明建设、夯实自然资源调查基础和推进统一确权登记的重要举措。

　　土地利用变化是指人类改变土地利用和管理方式，导致土地覆被的变化。土地利用已成为全国土地变化研究的核心领域和热点问题之一。

　　为掌握土地利用变化的内在机理，本研究基于土地调查数据，以广东省为实例，研究了2009年至2019年耕地变化以及建设用地扩张特征，并进行了驱动机制的探索分析，为制定土地开发利用政策、推进耕地保护和生态保护提供科学支撑。

　　本书编写成员主要由广东省土地调查规划院的技术人员组成，同时，根据技术研究需要，选择在土地利用变化研究方面颇有建树的广州市城市规划勘测设计研究院作为协作单位，充分利用已有数据和技术资源，开展广东省土地利用时空差异特征研究。

　　本书主要结合全国"三调"数据成果，对比第二次土地调查成果，通过分析广东省2009年至2019年十年间的土地利用变化总体特征，并针对主要地类变化进行重点阐述；为了进一步研究土地利用变化的特征与原因，利用地理加权回归等空间分析手段，本书对广东省十年间的耕地变化与建设用地扩张情况

1

进行了驱动机制的探索分析；最后从"三调"土地利用现状、时空变化特征、驱动机制研究分析等方面内容进行综合分析，对广东省土地利用现存问题提出建设性建议。本书主要由六个章节组成。

第一章，第三次全国国土调查。主要介绍第三次全国国土调查工作的背景与要求，阐述广东省开展第三次全国国土调查工作情况，明确该工作的重要意义。本章由黄润兴、李光灿负责完成。

第二章，广东省土地资源概况。主要结合广东省"三调"数据成果，对全省土地资源总体情况进行分析，对耕地、建设用地以及生态用地等重点地类的现状情况进行综合分析。本章由黄润兴、李光灿负责完成。

第三章，土地利用时空变化特征。基于土地利用变化研究方法，介绍全省2009年至2019年土地利用变化的总体特征，并阐述重点地类变化特征。本章由何华贵、黄晔、陈飞负责完成。

第四章，耕地变化驱动机制分析。介绍土地利用变化驱动机制相关研究方法，构建科学回归模型，对全省耕地变化内在机制进行研究。本章由何华贵、黄晔、陈飞负责完成。

第五章，建设用地变化驱动机制分析。通过构建科学回归模型，对全省建设用地变化内在机制进行研究。本章由何华贵、黄晔、陈飞负责完成。

第六章，土地利用对策与建议。基于土地利用现状、时空变化特征、驱动机制研究等分析内容，对广东省土地利用现存问题提出建议。本章由黄润兴、李光灿负责完成。

在本书撰写过程中，我们查阅了大量的相关著作和论文，引用了一些专家学者的研究成果和观点，在此谨向相关作者和同行表示衷心感谢，并向支持和帮助本书编写的广东省自然资源厅的各位领导，广东省土地调查规划院的各位同事以及广州市城市规划勘测设计研究院的各位同仁一并致谢。

黄润兴

2021年9月30日

目　　录

第一章　第三次全国国土调查 ·· 1

1.1　工作背景与要求 ·· 1

　1.1.1　全国土地调查历程及其概况 ······························· 1

　1.1.2　第三次全国国土调查内容 ································· 2

　1.1.3　第三次全国国土调查意义 ································· 4

1.2　广东省"三调"工作开展情况 ··································· 6

1.3　研究意义 ·· 8

第二章　广东省土地资源概况 ······································ 10

2.1　广东省土地资源总体情况 ······································ 10

　2.1.1　规模结构 ·· 10

　2.1.2　空间分布 ·· 13

　2.1.3　土地利用经济效益 ·· 16

　2.1.4　土地权属现状 ·· 19

　2.1.5　土地利用总体情况小结 ···································· 21

2.2　重点地类概况 ·· 22

　2.2.1　耕地利用现状 ·· 22

　2.2.2　建设用地利用现状 ·· 34

　2.2.3　生态用地利用现状 ·· 50

第三章　土地利用时空变化特征 ⋯⋯⋯⋯⋯⋯⋯⋯ 61

3.1　土地利用变化总体情况 ⋯⋯⋯⋯⋯⋯⋯⋯ 61

3.1.1　土地利用变化分析方法 ⋯⋯⋯⋯⋯⋯ 61

3.1.2　与"二调"土地利用差异的分析 ⋯⋯⋯⋯⋯ 64

3.2　重点地类时空变化特征 ⋯⋯⋯⋯⋯⋯⋯⋯ 76

3.2.1　耕地变化 ⋯⋯⋯⋯⋯⋯⋯⋯⋯⋯⋯ 76

3.2.2　建设用地变化 ⋯⋯⋯⋯⋯⋯⋯⋯⋯ 85

3.2.3　生态用地变化 ⋯⋯⋯⋯⋯⋯⋯⋯⋯ 93

第四章　耕地变化驱动机制分析 ⋯⋯⋯⋯⋯⋯⋯⋯ 101

4.1　驱动机制分析研究方法 ⋯⋯⋯⋯⋯⋯⋯⋯ 101

4.1.1　土地利用变化驱动力概念及其分类 ⋯⋯⋯⋯ 101

4.1.2　研究方法综述 ⋯⋯⋯⋯⋯⋯⋯⋯⋯ 102

4.1.3　地理加权回归模型 ⋯⋯⋯⋯⋯⋯⋯ 104

4.1.4　地理加权模型研究进展 ⋯⋯⋯⋯⋯⋯ 108

4.2　耕地变化指标体系 ⋯⋯⋯⋯⋯⋯⋯⋯⋯ 109

4.3　耕地变化回归分析 ⋯⋯⋯⋯⋯⋯⋯⋯⋯ 111

4.3.1　研究区及数据 ⋯⋯⋯⋯⋯⋯⋯⋯⋯ 111

4.3.2　多重共线性检验 ⋯⋯⋯⋯⋯⋯⋯⋯ 112

4.3.3　空间自相关分析 ⋯⋯⋯⋯⋯⋯⋯⋯ 113

4.4　耕地变化驱动机制 ⋯⋯⋯⋯⋯⋯⋯⋯⋯ 114

4.4.1　全局回归分析 ⋯⋯⋯⋯⋯⋯⋯⋯⋯ 114

4.4.2　地理加权回归分析 ⋯⋯⋯⋯⋯⋯⋯ 117

第五章　建设用地变化驱动机制分析 ············· 126

5.1　建设用地变化指标体系 ············· 126

5.2　建设用地变化回归分析 ············· 128

　　5.2.1　研究区及数据 ············· 128

　　5.2.2　空间自相关分析 ············· 129

5.3　建设用地变化驱动机制 ············· 130

　　5.3.1　全局回归分析 ············· 130

　　5.3.2　地理加权回归分析 ············· 132

第六章　土地利用对策与建议 ············· 141

6.1　耕地保护对策建议 ············· 141

6.2　建设用地开发利用对策建议 ············· 142

参考文献 ············· 144

第一章　第三次全国国土调查

1.1　工作背景与要求

土地作为一种稀缺且不可再生的资源，是一个国家最基础且根本的财富。在掌握土地利用现状的基础上，制定并颁布相应的土地政策，使其发挥最大优势造福于民，俨然成为每个国家必须面对且必须解决的问题。掌握准确的土地利用现状资料，是国家实施可持续发展战略、全面建成小康社会的根本保障，是有效保护耕地、保护土地生态环境、合理开发利用土地、制定合理科学的规划依据的前提。

1995 年，国际地圈生物圈计划（International Geosphere Biosphere Programme，IGBP）和全球环境变化的人文因素计划（International Human Dimensions Programme，IHDP）联合提出了土地利用变化研究计划（Land Use and Land Cover Chang，LUCC）。2005 年，IGBP 和 IHDP 又合作发表了全球土地计划（Global Land Project，GLP），进一步强调了土地利用 / 覆被变化研究的重要性和研究方向。

1.1.1　全国土地调查历程及其概况

我国第一次全国土地调查是从 1984 年开始的，从 1984 年 5 月开始到 1997 年年底结束，历时 13 年零 8 个月。当时技术落后，重视度不够，最主要的就是调查经费紧张，一是有钱的财政部门不愿把钱花在这种见不到直接效益的地方；二是贫困的县级财政部门资金紧张。第一次调查用的基础图件，由各县到测绘部门收集，当时所用的材料主要是 1980—1987 年间拍摄的不同比例尺的普通航摄照片和部分正摄影像图。大多数的外业调查是在 20 世纪 90 年代初进行的，中间间隔了五六年，大大增加了外业调绘的难度和新增地物补测的工作量，调查的进度和质量都受到了很大的影响。当时计算机技术刚刚起步，大部分内业工作还是人工操作，少数单位还采用求积仪人工计算，工作量大且耗时长。第一次全国土地调查，国家初步掌握了我国土地的情况，并为以后全国土地调查积累了丰富的经验，具有划时代的意义。

第二次全国土地调查是从 2007 年开始到 2009 年结束。第二次全国土地调查是在第一次全国土地调查的基础上应运而生的。第二次全国土地调查成果已经实行信息化、网络化管理，并建立和完善了土地调查、统计和登记制度，实现了土地资源信息的社会化服务，满足了经济社会发展、土地宏观调控及国土资源管理的需要，取得了很大的成就。在进行第二次全国土地调查时，采用内外业相结合的调查方法，航天航空遥感、地理信息系统、全球卫星定位和数据库及网络通信等技术得到广泛运用，并形成集信息获取、处理、存储、传输、分析和应用服务为一体的土地调查技术流程，获取了全国每一块土地的类型、面积、权属和分布信息，建立连通"国家—省—市—县"四级土地调查数据库。

第三次全国国土调查（简称"三调"）是从 2017 年开始，到 2019 年 12 月 31 日结束。第三次全国国土调查在第二次全国土地利用成果基础上，全面细化和完善全国土地利用基础数据，掌握翔实准确的全国土地利用现状和国土资源变化情况，进一步完善国土调查、监测和统计制度。为满足自然资源和空间统一管理，"三调"采取对耕地种植属性、工业仓储用地用途等细化图斑进行标准化标注；对批准未建设用地、基本农田、临时用地等建立单独图层等措施。同时，第三次全国土地调查采用的是由国家直接组织实施和地方组织调查结合方式，按照"国家整体控制、统一制作底图、内业判读地类，地方实地调查、地类在线举证，国家核查验收、统一发放成果"的流程推进，全面采用"互联网 +"技术，地方开展实地调查，省级、国家级开展成果核查。

1.1.2　第三次全国国土调查内容

2017 年 10 月 8 日，国务院印发《关于开展第三次全国土地调查的通知》（国发〔2017〕48 号），并成立国务院第三次全国土地调查领导小组，标志着"三调"工作正式拉开帷幕。各地采取切实措施，大力推进第三次全国国土调查工作，取得了积极进展。第三次全国土地调查以 2019 年 12 月 31 日为标准时点，要求于 2020 年汇总全国土地调查数据，完成调查工作验收、成果发布等工作。

第三次全国国土调查作为新形势下国务院部署的一项重大的国情国力调查，主要包括土地利用现状及变化情况、土地权属及变化情况、土地条件等内容，其目的是在国家已掌握的土地调查和土地变更调查等相关数据的基础上，按统一的技术标准，全面细化和完善全国土地利用基础数据，全面查实查清国土资源，健全土地调查、监测和统计制度，强化土地资源信息社会化服务，满足经济社会发展和国土资源管理工作需要，具体技术流程如图1.1所示。此次调查把土地资源调查与森林、湿地、草原、水资源等相关自然资源调查结合起来，逐步形成一张底板、一个平台、一套数据的自然资源调查成果，实现成果信息化管理与共享，满足国民经济和社会发展第十四个五年规划和新一轮土地利用总体规划对国土资源数据的需要。

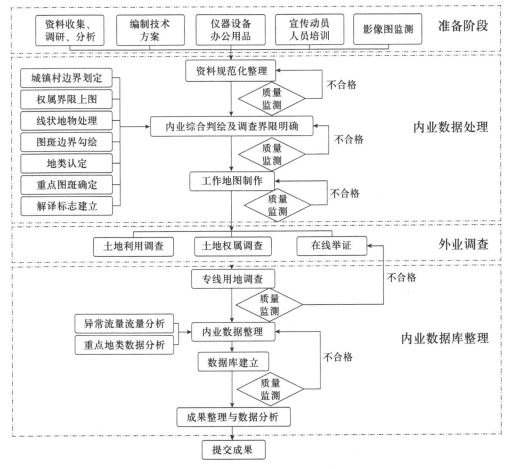

图1.1　第三次全国国土调查技术流程图

1.1.3　第三次全国国土调查意义

"三调"工作具有极高的战略定位。做好"三调"工作是推进国家治理体系和治理能力现代化、促进经济社会全面协调可持续发展的客观要求；是加快推进生态文明建设、夯实自然资源调查基础和推进统一确权登记的重要举措；是保障国家粮食安全和社会稳定、有效保护国土资源的基本前提。需要各地、各部门高度重视，有序开展相关工作。目的是在第二次全国土地调查成果基础上，全面细化和完善全国国土基础数据，掌握翔实准确的全国国土资源现状和变化情况，进一步完善国土调查、监测和统计制度，实现成果信息化管理与共享，满足生态文明建设、空间规划编制供给侧结构性改革、宏观调控、自然资源管理体制改革和统一确权登记、国土空间用途管制等各项工作的需要。开展第三次全国国土调查，具有以下五大重要意义。

（1）保障国民经济平稳健康发展

当前我国经济发展进入新常态，不动产统一登记、生态文明建设和自然资源资产管理体制改革等工作提上重要议事日程，这些都对土地基础数据提出更高、更精、更准的需求。开展第三次全国国土调查，全面掌握各行各业用地的数量、质量、结构、分布和利用状况，是实施土地供给侧结构性改革的重要依据；是合理确定土地供应总量、结构和时序，围绕"三去一降一补"（即去产能、去库存、去杠杆、降成本、补短板）精准发力的必要前提；是优先保障战略性新兴产业发展用地，促进产业转型和优化升级，适应实体经济振兴和制造业迈向中高端的经济发展新常态。

（2）保护耕地资源

耕地是我国最为宝贵的资源和粮食生产最重要的物质基础，也是农民最基本的生产资料和最基础的生活保障。我国人均耕地面积不到世界平均水平的1/2，中低产田约占72%，粮食生产保障能力不够稳定。随着人口持续增长，我国人均耕地面积还将下降，耕地资源紧约束态势仍将进一步加剧。这一基本国情决定我们要多措并举，要像保护大熊猫一样保护耕地。开展第三次全国国土调查，全面掌握全国耕地的数量、质量、分布和构成，是实施耕地质量提升、土地整治建设高标准农田，合理安排生态退耕和轮作休耕，严守18亿亩耕地红线的根本前提；是确保永久基本农田"划足、划优、划实",实现"落地块、明责任、设标志、建表册、入图库"的重要基础,是促进耕地数量、质量、生态"三位一体"保护,确保国家粮食安全的重要支撑;是全面实施"藏粮于地"战略,加强耕地建设性保护、激励性保护和管控性保护,建立健全耕地保护长效机制的根本保障。

（3）实现节约集约利用国土资源

我国人多地少,当前工业化、城镇化正处于快速发展阶段,国民经济也处于中高速发展时期,建设用地供需矛盾十分突出。牢固树立和贯彻落实创新、协调、绿色、开放、共享的发展理念,大力促进节约集约用地,走出一条建设占地少、利用效率高的符合我国国情的土地利用新路子,是关系民族生存根基和国家长远利益的大计。开展第三次全国国土调查,全面查清城镇、工矿、农村及开发区等内部各类建设用地状况,是全面评价土地利用潜力,精准实施差别化用地政策,开展土地存量挖潜和综合整治,贯彻"严控增量、盘活存量、放活流量"建设用地管控方针的基本前提,也是落实最严格的节约用地制度,科学规划土地、合理利用土地、优化用地结构、提高用地效率,实现建设用地总量和强度双控的重要依据。

（4）维护群众权益

保护产权是坚持社会主义基本经济制度的必然要求。土地和矿产是人民群众和企业的重要财产权益。自然资源领域重大改革、征地拆迁补偿、保障性住房用地保障、农村宅基地管理、土地整治、矿产勘查开发、地质灾害防治、执法督察等工作,均与人民群众和企业利益息息相关。开展第三次全国国土调查,查清土地权属状况,巩固并完善现有各类不动产确权登记成果,是有效保护人民群众合法权益和企业利益,及时调处各类土地权属争议,积极显化农村集体和农民土地资产,维护社会和谐稳定的重要基础。

（5）重塑人与自然和谐发展新格局

国土是生态文明建设的空间载体,山、水、林、田、湖、草是一个生命共同体。党的十八大报告将生态文明建设纳入中国特色社会主义事业"五位一体"总体布局,生态文明体制改革正协同整体推进,自然资源统一确权登记试点已全面铺开。开展第三次全国国土调查,掌握耕地、水流、森林、山岭、草原、荒地、滩涂等各类自然资源范围内土地利用状况,是贯彻落实中央生态文明体制改革战略，夯实自然资源调查基础和推进自然资源统一确权登记的重要措施。

1.2 广东省"三调"工作开展情况

2017年12月4日，广东省政府出台《广东省人民政府转发国务院关于开展第三次全国土地调查的通知》（粤府〔2017〕127号），积极响应国务院"三调"工作安排，成立以许瑞生副省长为组长的广东省第三次全国土地调查领导小组，加入宏大的"三调"行动中来。开展第三次全国土地调查是查清查实省情省力的重要基础性工作，省政府要求各地、各有关部门要高度重视，严格按照国发〔2017〕48号文的安排和要求扎实落实调查工作，依照求真归真、客观准确、自上而下、统一标准、省级主导、分级负责、整合资源、全面调查的工作原则，有序推进"三调"各项工作。领导小组负责领导和协调解决调查工作中的重大问题。

依照《广东省第三次全国土地调查总体方案》，省"三调"工作进度安排如下：

（1）2017年第四季度全面部署开展第三次全国土地调查的有关准备工作，完成经费预算编报、成立领导小组、转发《国务院关于开展第三次全国土地调查的通知》等工作，同步启动调查方法相关专题研究；

（2）2017年10月至2018年6月，完成省总体方案、实施方案、专题研究、技术实施细则和验收办法编制及全省工作部署、技术政策培训、动员宣传等工作；

（3）2018年1月至2019年5月，完成初始库建设并下发，组织开展实地调查，建设各级土地调查数据库，完成县级调查成果省级全面检查，整理上报省级调查成果；

（4）2019年下半年，配合完成国家级内业核查、数据库质量检查、互联网在线核查、外业抽查、数据库修改以及数据库入库工作；组织开展2019年度土地变更调查工作，将数据统一到12月31日标准调查时点；

（5）2020年完成统一时点数据汇总，形成第三次全国土地调查成果；完成第三次全国土地调查地方调查成果验收、数据分析、成果整理、成果发布、总结表彰等工作。

广东省第三次全国国土调查具体工作时间推进如图1.2所示。

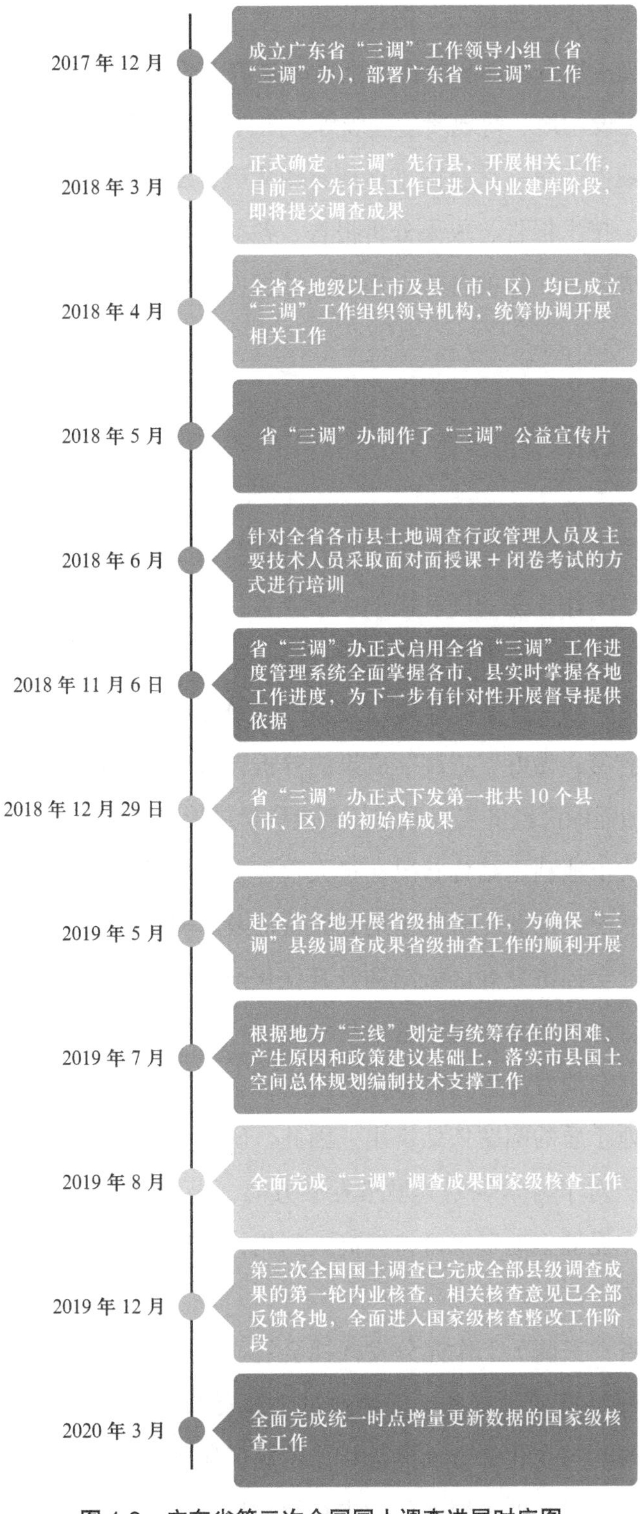

2017 年 12 月	成立广东省"三调"工作领导小组（省"三调"办），部署广东省"三调"工作
2018 年 3 月	正式确定"三调"先行县，开展相关工作，目前三个先行县工作已进入内业建库阶段，即将提交调查成果
2018 年 4 月	全省各地级以上市及县（市、区）均已成立"三调"工作组织领导机构，统筹协调开展相关工作
2018 年 5 月	省"三调"办制作了"三调"公益宣传片
2018 年 6 月	针对全省各市县土地调查行政管理人员及主要技术人员采取面对面授课＋闭卷考试的方式进行培训
2018 年 11 月 6 日	省"三调"办正式启用全省"三调"工作进度管理系统全面掌握各市、县实时掌握各地工作进度，为下一步有针对性开展督导提供依据
2018 年 12 月 29 日	省"三调"办正式下发第一批共 10 个县（市、区）的初始库成果
2019 年 5 月	赴全省各地开展省级抽查工作，为确保"三调"县级调查成果省级抽查工作的顺利开展
2019 年 7 月	根据地方"三线"划定与统筹存在的困难、产生原因和政策建议基础上，落实市县国土空间总体规划编制技术支撑工作
2019 年 8 月	全面完成"三调"调查成果国家级核查工作
2019 年 12 月	第三次全国国土调查已完成全部县级调查成果的第一轮内业核查，相关核查意见已全部反馈各地，全面进入国家级核查整改工作阶段
2020 年 3 月	全面完成统一时点增量更新数据的国家级核查工作

图 1.2 广东省第三次全国国土调查进展时序图

主要成果将包含数据成果、图件成果、文字成果以及数据库成果。其中，数据成果包含各级土地分类面积数据、土地权属信息数据、耕地坡度分级面积数据、批准未建设的建设用地、耕地质量等级等；图件成果包含各级土地利用现状图件、土地权属界线图件、第三次全国土地调查图集等；文字成果包含第三次全国土地调查工作报告、技术报告、成果分析报告、各类专项调查成果报告等；数据库成果包含集各类成果为一体的各级土地调查数据库、数据库管理系统及共享应用平台等。

1.3 研究意义

开展"三调"工作，是贯彻国务院的决策部署、查实查清省情省力的重大机遇和重要基础性工作，是利国利民的大事要事，对于加快生态文明建设、推进自然资源管理制度改革、提升国土资源管理服务水平、维护农民合法权益、促进经济社会可持续发展等具有重要意义。"三调"工作的重要性决定了其成果分析工作同样具有重大意义，做好"三调"成果的分析评价工作，将为编制国民经济和社会发展规划，加强国民经济宏观调控，实施科学决策提供重要依据。

一个地区的土地利用结构状况在很大程度上反映了该地区自然资源及社会经济发展的结构状况。因此，研究土地利用特征及其时间变化是研究一个地区自然条件、资源和社会经济发展区域结构及其优化配置的重要途径之一，对于区域产业分布、土地合理利用具有重要的指导意义。广东省是中国第一经济大省，在地区生产总值、社会消费品零售总额等经济指标上都列各省第一位。但是，广东省人多地少，人地矛盾的问题依然突出。因此，研究广东省在城镇化发展过程中的土地利用问题，对于科学规划其城市发展方向，提高全省城市土地集约利用度，打造宜居城镇，促进土地资源可持续高效利用，促进全省经济社会可持续发展具有重要现实意义。

为使广东省"三调"工作充分发挥社会效益、经济效益和生态效益，为社会经济发展和国民经济建设服务，需要通过土地资源的数量、质量、结构、分布，以及土地利用现状与变化等方面的分析，明确区域土地资源的整体优势、劣势和空间分布特征，掌握土地利用变化的内在驱动机制，揭示各种土地资源在地域组合上、结构上和空间配置上是否合理，匹配和不匹配的关系，明确土地资源开发利用的方向与重点，为制定人地协调发展与强化地域系统功能的土地利用政策提供科学依据。

本书将基于"三调"数据成果，开展广东省土地利用现状分析、时空变化分析、驱动机制分析等研究，针对全省土地利用过程存在的问题与不足提出基于科学分析的决策建议，以期为新时期广东省土地开发利用与保护提供决策参考。

第二章 广东省土地资源概况

广东地处祖国大陆最南部，陆地范围位于北纬 20°09′~25°31′，东经 109°45′~117°20′ 之间。自东向西依次与福建省、江西省、湖南省、广西壮族自治区接壤；毗邻香港、澳门特别行政区；西南端隔琼州海峡与海南省相望。陆地最东端至饶平县大埕镇，最西端至廉江市高桥镇，东西跨度约 800 千米；最北端至乐昌市白石镇，最南端至徐闻县角尾镇，跨度约为 600 千米。

广东省面积广袤，根据 2018 年土地变更调查统计数据，全省土地总面积 1 797.25 万公顷（1 公顷 =10 000 平方米），约占全国陆地面积 1.87%。海域面积 42 万平方千米，是陆地面积的 2.3 倍。大陆海岸线长 4 114 千米，居全国首位。有海岛 1 963 个，总面积 1 513.17 平方千米，在全国沿海省（区、市）中位列第二，仅次于浙江省。行政区划上，截至 2018 年 12 月 31 日，全省下辖 21 个地级市、20 县级市、34 个县、3 个自治县、65 个市辖区、1 123 个镇、4 个乡、7 个民族乡、467 个街道办事处。

本章基于全国"三调"更新成果，依据"三调"工作土地利用分类标准，汇总主要地类规模、结构与分布，分析全省土地利用现状特征，掌握全省土地资源概况。

2.1 广东省土地资源总体情况

2.1.1 规模结构

根据"三调"工作国家下发的更新数据统计，按三大类来看，全省农用地 22 792.21 万亩，占总面积 84.52%；建设用地 3 038.06 万亩，占总面积 11.27%；未利用地 1 135.89 万亩，占总面积 4.21%。三类用地比例约为 20.07 ：2.67 ：1，如图 2.1 所示。

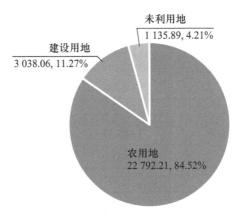

图 2.1　广东省土地利用总体规模结构图

根据国家第三次全国国土调查地类分类表，所有地类可以划分为三大类，一级类和二级类。其中耕地面积合计 2 852.87 万亩，占全省土地总面积 10.58%，全省人均耕地面积 0.25 亩（本章所指"人均"指标均采用广东省统计年鉴披露的2019 年全省人口数，即 11 520.59 万人）；建设用地面积合计 3 038.06 万亩，占全省土地总面积 11.27%，全省人均建设用地面积 0.26 亩，如表 2.1 所列。

表 2.1　广东省土地利用现状一级、二级类型规模结构统计表

编码	土地利用类型	合计 / 万亩	比例 /%	
			占总面积	占一级类面积
	全市土地总面积	26 966.15	100.00	100
	湿地小计	268.40	1.00	100.00
0303	红树林地	15.96	0.06	5.94
0304	森林沼泽	0.27	0.00	0.10
0306	灌丛沼泽	0.20	0.00	0.07
0402	沼泽草地	0.18	0.00	0.07
0603	盐田	0.00	0.00	0.00
1105	沿海滩涂	223.54	0.83	83.29
1106	内陆滩涂	28.02	0.10	10.44
1108	沼泽地	0.24	0.00	0.09
01	耕地小计	2 852.87	10.58	100.00
0101	水田	2 061.25	7.64	72.25

编码	土地利用类型	合计 / 万亩	比例 /%	
			占总面积	占一级类面积
0102	水浇地	245.94	0.91	8.62
0103	旱地	545.68	2.02	19.13
02	种植园用地小计	1 987.13	7.37	100.00
0201	果园	1 568.09	5.82	78.91
0202	茶园	70.35	0.26	3.54
0203	橡胶园	68.28	0.25	3.44
0204	其他园地	280.41	1.04	14.11
03	林地小计	16 188.80	60.03	100.00
0301	乔木林地	14 607.87	54.17	90.23
0302	竹林地	798.89	2.96	4.93
0305	灌木林地	210.55	0.78	1.30
0307	其他林地	571.48	2.12	3.53
04	草地小计	357.65	1.33	100.00
0401	天然牧草地	0.05	0.00	0.01
0403	人工牧草地	0.55	0.00	0.15
0404	其他草地	357.05	1.32	99.83
20	城镇村及工矿用地	2 645.74	9.81	100.00
201	城市	676.69	2.51	25.58
202	建制镇	670.86	2.49	25.36
203	村庄	1 211.85	4.49	45.80
204	采矿用地	61.24	0.23	2.31
205	风景名胜及特殊用地	25.11	0.09	0.95
10	交通运输用地小计	346.27	1.28	100.00
1001	铁路用地	22.55	0.08	6.51
1002	轨道交通用地	3.28	0.01	0.95
1003	公路用地	301.98	1.12	87.21
1004	城镇村道路用地	0.00	0.00	0.00
1005	交通服务场站用地	0.00	0.00	0.00
1007	机场用地	7.28	0.03	2.10
1008	港口码头用地	10.65	0.04	3.08

编码	土地利用类型	合计/万亩	比例/%	
			占总面积	占一级类面积
1009	管道运输用地	0.54	0.00	0.16
11	**水域小计**	**1 967.41**	**7.30**	**100.00**
1101	河流水面	499.90	1.85	25.41
1102	湖泊水面	2.11	0.01	0.11
1103	水库水面	294.98	1.09	14.99
1104	坑塘水面	1 024.42	3.80	52.07
1107	沟渠	146.01	0.54	7.42
1110	冰川及永久积雪	0.00	0.00	0.00
	水工建筑用地小计	**46.04**	**0.17**	**100.00**
1109	水工建筑用地	46.04	0.17	100.00
12	**其他土地小计**	**305.83**	**1.13**	**100.00**
1006	农村道路	144.76	0.54	47.33
1201	空闲地	0.00	0.00	0.00
1202	设施农用地	74.58	0.28	24.39
1203	田坎	61.46	0.23	20.10
1204	盐碱地	0.14	0.00	0.05
1205	沙地	0.22	0.00	0.07
1206	裸土地	15.33	0.06	5.01
1207	裸岩石砾地	9.34	0.03	3.05

2.1.2　空间分布

（1）行政区划

依据"三调"工作国家下发的更新成果，全省土地面积为 26 966.15 万亩，其中清远市面积最大，占全省土地面积 10.59%；珠海市面积最小，占全省土地面积 0.96%。按三大类来看，农用地面积最大的市为清远市，占全省农用地总面积比重高达 11.49%，深圳市农用地面积最小，面积仅为 130.98 万亩，仅占全省农用地 0.57%；建设用地面积最大的市为广州市，为 282.37 万亩，占全省建设用地面积 9.29%，汕尾市建设用地面积最小，面积仅为 61.10 万亩，仅占全省建设用地 2.01%；未利用地面积最大的市为湛江市，面积达到了 189.54 万亩，占全省未利用地总面积的 16.69%，深圳市未利用地面积最小，仅有 13.47 万亩，仅占全省未利用地 1.19%，如表 2.2 所列。

表 2.2　各市三大类面积统计表

万亩

序号	行政区名称	国土调查总面积	农用地	建设用地	未利用地
	广东省	26 966.15	22 792.21	3 038.06	1 135.89
1	广州市	1 085.77	737.93	282.37	65.48
2	韶关市	2 761.90	2 578.24	125.69	57.97
3	深圳市	297.96	130.98	153.51	13.47
4	珠海市	258.75	154.58	65.01	39.16
5	汕头市	330.63	204.95	95.04	30.63
6	佛山市	569.67	287.40	227.08	55.19
7	江门市	1 430.28	1 186.73	158.85	84.69
8	湛江市	1 989.56	1 560.05	239.97	189.54
9	茂名市	1 717.69	1 469.17	200.44	48.07
10	肇庆市	2 233.71	2 027.57	145.72	60.43
11	惠州市	1 702.55	1 458.56	182.06	61.94
12	梅州市	2 379.68	2 169.56	160.96	49.15
13	汕尾市	729.75	627.85	61.10	40.80
14	河源市	2 348.04	2 183.08	113.73	51.22
15	阳江市	1 195.02	1 044.41	94.46	56.15
16	清远市	2 855.32	2 618.63	158.31	78.38
17	东莞市	369.06	137.48	197.50	34.07
18	中山市	267.15	133.21	101.82	32.12
19	潮州市	473.98	386.29	64.36	23.32
20	揭阳市	789.91	638.20	119.65	32.06
21	云浮市	1 167.77	1 056.97	90.43	20.38
22	岛屿	11.99	0.33	0.00	11.65

（2）空间分布

全省地域空间可分成四大土地利用分区，分别是珠三角平原区、粤东沿海区、粤西沿海区、粤西北山区。珠三角平原区主要包含广州市、深圳市、珠海市、佛山市、江门市、肇庆市、惠州市、东莞市、中山市共9个地级市；粤东沿海区主要包含汕头市、汕尾市、潮州市、揭阳市共4个地级市；粤西沿海区主要包含湛江市、茂名市、阳江市共3个地级市；粤西北山区主要包含韶关市、梅州市、河源市、清远市、云浮市共5个地级市。从四大土地利用分区来看，全省农用地主要集中在粤西北山区，占比高达46.54%，粤东沿海区农用地面积最少，仅占8.15%；全省建设用地集中分布在经济发展水平较高的珠三角平原区，共计1 513.91万亩，占全省建设用地总面积的五成左右，而粤东沿海区建设用地面积最少，仅占全省建设用地总面积的11.20%；全省未利用地占比较高的地区为珠三角平原区，占比达四成，而粤东沿海区未利用地面积仅126.82万亩，占比最低，为11.16%，如表2.3所列。

表2.3　各土地利用分区三大类面积统计表

土地利用分区	农用地		建设用地		未利用地	
	面积/万亩	全省占比/%	面积/万亩	全省占比/%	面积/万亩	全省占比/%
珠三角平原区	6 254.43	27.44	1 513.91	49.83	446.56	39.31
粤东沿海区	1 857.31	8.15	340.15	11.20	126.82	11.16
粤西沿海区	4 073.64	17.87	534.87	17.61	293.75	25.86
粤西北山区	10 606.49	46.54	649.12	21.37	257.10	22.63
广东省	22 792.21	100.00	3 038.06	100.00	1 135.89	100.00

从空间分布来看，全省耕地主要分布于粤西沿海区，且其耕地呈连片分布特征，粤西北山区也有较多分布，但空间上呈分散分布状态；全省建设用地明显集中分布在珠三角平原区，该区域广州市、东莞市、深圳市、佛山市存在大量建设用地，粤东沿海区的潮州、汕头、揭阳三市也有相对明显的建设用地集聚分布特征，其他方位建设用地均较为分散，规模不明显；林地分布广泛，除珠三角平原区外，各市均有大量连片分布的林地资源；水体大量分布于珠三角平原区，西南部雷州湾水域、东部韩江流域以及中东部新丰江水库也有明显水体分布；种植园用地显著分布于粤西沿海区的茂名市，其他片区种植园用地分布数量少且较分散。

2.1.3 土地利用经济效益

本小节将从土地利用综合经济效益、建设用地利用经济效益、农用地利用经济效益等方面展开介绍全省土地利用现状的经济效益情况。

2.1.3.1 土地利用综合经济效益

全省目前共有土地 26 966.15 万亩，除去未利用地外，已利用 25 830.26 万亩，生产了 107 604.61 亿元的 GDP 总量，其中已利用土地平均每万亩土地生产 4.17 亿元的 GDP。全省 21 个地级市中，已利用土地地均 GDP 超过每万亩 10 亿元的城市均分布在珠三角平原区，分别为广州市、深圳市、珠海市、佛山市、东莞市、中山市 6 个地级市，其中深圳市以 284.49 万亩的已利用土地创造了全省最高的已利用土地地均 GDP，为每万亩土地 94.49 亿元。而全省内已利用土地地均 GDP 低于每万亩 1 亿元的城市主要分布在粤西北山区，分别为韶关市、梅州市、河源市、清远市和云浮市 5 个地级市，其中河源市的已利用土地地均 GDP 最低，为每万亩土地 0.47 亿元，如表 2.4 所列。

表 2.4　各市土地利用综合经济效益

行政区	土地总面积 / 万亩	已利用面积 / 万亩	GDP 总量 / 亿元	全部土地地均 GDP/ 亿元·万亩 $^{-1}$	已利用土地地均 GDP/ 亿元·万亩 $^{-1}$
广州市	1 085.77	1 020.29	23 628.60	21.76	23.16
韶关市	2 761.90	2 703.93	1 318.41	0.48	0.49
深圳市	297.96	284.49	26 880.29	90.21	94.49
珠海市	258.75	219.59	3 435.89	13.28	15.65
汕头市	330.63	300.00	2 688.30	8.13	8.96
佛山市	569.67	514.47	10 750.60	18.87	20.90
江门市	1 430.28	1 345.58	3 146.64	2.20	2.34
湛江市	1 989.56	1 800.02	3 064.61	1.54	1.70
茂名市	1 717.69	1 669.62	3 252.34	1.89	1.95
肇庆市	2 233.71	2 173.29	2 246.87	1.01	1.03
惠州市	1 702.55	1 640.62	4 176.48	2.45	2.55
梅州市	2 379.68	2 330.52	1 187.06	0.50	0.51
汕尾市	729.75	688.95	1 080.30	1.48	1.57

续表

行政区	土地总面积/万亩	已利用面积/万亩	GDP 总量/亿元	全部土地地均 GDP/亿元·万亩⁻¹	已利用土地地均 GDP/亿元·万亩⁻¹
河源市	2 348.04	2 296.82	1 079.87	0.46	0.47
阳江市	1 195.02	1 138.87	1 288.31	1.08	1.13
清远市	2 855.32	2 776.94	1 695.21	0.59	0.61
东莞市	369.06	334.98	9 482.50	25.69	28.31
中山市	267.15	235.03	3 101.10	11.61	13.19
潮州市	473.98	450.66	1 080.15	2.28	2.40
揭阳市	789.91	757.85	2 101.26	2.66	2.77
云浮市	1 167.77	1 147.40	919.83	0.79	0.80
合计	26 966.15	25 830.26	107 604.61	3.99	4.17

2.1.3.2　建设用地利用经济效益

全省共有建设用地 3 038.06 万亩，二、三产业总计贡献了 103 284.50 亿元的产业总值，平均每万亩建设用地产生 34 亿元的二、三产业产值。全省各地级市中，建设用地地均二、三产业产值超过 40 亿元每万亩的城市均分布在珠三角平原区，分别为广州市、深圳市、珠海市、佛山市、东莞市 5 个地级市，其中深圳市以 153.51 万亩的建设用地创造了全省最高的建设用地地均二、三产业产值，为每万亩建设用地 175.04 亿元。而全省内建设用地地均二、三产业产值低于每万亩 10 亿元的城市主要分布在粤西北山区，分别为韶关市、梅州市、河源市、清远市和云浮市 5 个地级市，其中梅州市的建筑用地地均二、三产业产值最低，为每万亩 6.02 亿元，如表 2.5 所列。

表 2.5　各市建设用地利用经济效益

行政区	二、三产业产值/亿元	建设用地面积/万亩	建设用地地均 二、三产业产值/亿元·万亩⁻¹
广州市	23 377.22	282.37	82.79
韶关市	1 144.00	125.69	9.10
深圳市	26 870.15	153.51	175.04
珠海市	3 378.52	65.01	51.97
汕头市	2 567.47	95.04	27.01

续表

行政区	二、三产业产值/亿元	建设用地面积/万亩	建设用地地均 二、三产业产值/亿元·万亩$^{-1}$
佛山市	10 594.10	227.08	46.65
江门市	2 892.41	158.85	18.21
湛江市	2 479.48	239.97	10.33
茂名市	2 670.78	200.44	13.32
肇庆市	1 862.68	145.72	12.78
惠州市	3 971.91	182.06	21.82
梅州市	968.94	160.96	6.02
汕尾市	928.03	61.10	15.19
河源市	958.86	113.73	8.43
阳江市	1 045.13	94.46	11.06
清远市	1 434.64	158.31	9.06
东莞市	9 454.02	197.50	47.87
中山市	3 038.50	101.82	29.84
潮州市	982.87	64.36	15.27
揭阳市	1 915.19	119.65	16.01
云浮市	749.60	90.43	8.29
合计	103 284.50	3 038.06	34.00

2.1.3.3　农用地利用经济效益

全省共有农用地 22 791.87 万亩，总计创造 4 320.12 亿元的第一产业产值，平均每万亩农用地贡献 0.19 亿元的第一产业产值。全省各地级市中，农用地地均第一产业产值超过每万亩 0.30 亿元的城市分布在珠三角平原区、粤西沿海区和粤东沿海区，分别为广州市、珠海市、汕头山、佛山市、湛江市、茂名市、中山市 7 个地级市，其中汕头市以总计 204.95 万亩的农用地贡献了 120.83 亿元的第一产业产值，其农用地地均第一产业产值最高，为每万亩 0.59 亿元，如表 2.6 所列。

表 2.6　各市农用地利用经济效益

行政区	第一产业产值 / 亿元	农用地面积 / 万亩	农用地地均一产产值 / 亿元·万亩$^{-1}$
广州市	251.37	737.93	0.34
韶关市	174.41	2 578.24	0.07
深圳市	10.14	130.98	0.08
珠海市	57.36	154.58	0.37
汕头市	120.83	204.95	0.59
佛山市	156.50	287.40	0.54
江门市	254.23	1 186.73	0.21
湛江市	585.13	1 560.05	0.38
茂名市	581.56	1 469.17	0.40
肇庆市	384.19	2 027.57	0.19
惠州市	204.57	1 458.56	0.14
梅州市	218.12	1 458.56	0.15
汕尾市	152.27	627.85	0.24
河源市	121.01	2 183.08	0.06
阳江市	243.18	1 044.41	0.23
清远市	260.57	2 618.63	0.10
东莞市	28.48	137.48	0.21
中山市	62.60	133.21	0.47
潮州市	97.29	386.29	0.25
揭阳市	186.07	638.20	0.29
云浮市	170.23	1 056.97	0.16
合计	4 320.12	22 791.87	0.19

　　而全省内农用地地均第一产业产值低于 0.19 亿元的城市主要分布在粤西北山区，分别为韶关市、深圳市、惠州市、梅州市、河源市、清远市、云浮市共 7 个地级市，其中韶关市以总计 2 578.24 万亩的农用地创造 174.41 亿元的第一产业产值，其农用地地均第一产业产值全省最低，为每万亩 0.07 亿元。

2.1.4　土地权属现状

　　本书所讨论土地权属主要为土地所有权，包含国有用地和集体用地两类。按三大类来看，全省国有用地面积占比达 18.44%，而集体用地面积则高达 81.56%，其中国有用地面积最大地级市为湛江市，共计 591.80 万亩，集体用地面积最大的地级市为清远市，面积高达 2 516.81 万亩，如表 2.7 所列。

表 2.7　各市三大类权属面积统计表

万亩

行政区	总面积		农用地		建设用地		未利用地	
	国有	集体	国有	集体	国有	集体	国有	集体
广州市	378.09	707.68	140.38	597.54	182.77	99.60	54.93	10.54
韶关市	274.73	2 487.17	194.86	2 383.38	50.06	75.63	29.81	28.16
深圳市	297.96	0.00	130.98	0.00	153.51	0.00	13.47	0.00
珠海市	189.88	68.87	96.58	58.00	57.58	7.42	35.72	3.45
汕头市	108.42	222.22	40.50	164.46	42.00	53.04	25.92	4.72
佛山市	224.24	345.43	51.51	235.89	130.44	96.64	42.29	12.90
江门市	403.66	1 026.62	252.12	934.61	83.51	75.34	68.03	16.67
湛江市	591.80	1 397.76	368.49	1 191.56	76.76	163.21	146.55	42.99
茂名市	232.13	1 485.55	147.38	1 321.80	51.71	148.73	33.05	15.02
肇庆市	356.94	1 876.77	248.21	1 779.36	63.03	82.68	45.70	14.72
惠州市	329.09	1 373.46	185.65	1 272.91	101.64	80.42	41.80	20.14
梅州市	149.25	2 230.43	68.48	2 101.08	51.71	109.25	29.06	20.09
汕尾市	139.46	590.30	84.82	543.04	31.73	29.37	22.91	17.89
河源市	231.66	2 116.38	165.60	2 017.48	39.00	74.74	27.06	24.16
阳江市	185.69	1 009.33	119.88	924.53	31.07	63.39	34.73	21.41
清远市	338.51	2 516.81	238.05	2 380.59	54.92	103.39	45.55	32.83
东莞市	133.08	235.98	33.91	103.57	74.61	122.89	24.55	9.52
中山市	102.80	164.35	17.00	116.21	58.99	42.83	26.81	5.30
潮州市	61.50	412.48	35.10	351.20	11.06	53.30	15.35	7.98
揭阳市	91.02	698.90	50.64	587.56	23.51	96.14	16.86	15.20
云浮市	139.38	1 028.40	96.00	960.97	29.94	60.48	13.43	6.94
岛屿	11.99	0.00	0.33	0.00	0.00	0.00	11.65	0.00
广东省	4 971.27	21 994.88	2 766.46	20 025.74	1 399.56	1 638.50	805.25	330.64

农用地面积中国有用地仅仅 2 766.46 万亩，湛江市面积最大，而集体用地则高达 20 025.74 万亩，占农用地总面积的八成以上，其中韶关市面积最大；建设用地中国有用地占比达 46.07%，其中广州市面积最大，而集体用地占比为 53.93%，湛江市面积最大；未利用地中集体用地仅占 29.11%，而国有用地占比高达七成以上，湛江市两种权属类型的未利用地面积均是全省最大的地级市。

2.1.5 土地利用总体情况小结

通过以上"三调"数据统计分析，全省土地利用总体现状主要呈现以下几个特征。

（1）农用地占比高，林地分布广泛

三大类中农用地占比高达 84.52%，其中林地面积占农用地面积 71.03%，空间上分布广泛，资源丰富；耕地和种植园用地主要分布在西南方位粤西沿海区的湛江、茂名市，连片性好，但其他方位分布较分散。

（2）建设用地规模大，集中于珠三角平原区

全省建设用地面积高达 3 038.06 万亩，占全省土地总面积比重 11.27%，且主要集中分布在广州、东莞、深圳、佛山等珠三角平原区主要城市，4 市囊括全省三成建设用地，其他市建设用地分布较分散。

（3）未利用地总量少，分布较分散

全省未利用地总量仅占总面积 4.21%，未来开发空间有限。空间上未利用地图斑分布较为分散。

（4）各类用地经济效益高

全省已利用土地平均每万亩土地生产 4.17 亿元的 GDP，已利用土地地均 GDP 超过每万亩 10 亿元的有 6 个地级市；全省平均每万亩建设用地产生 34 亿元的二、三产业产值，建设用地地均二、三产业产值超过 40 亿元每万亩的有 5 个地级市；全省平均每万亩农用地贡献 0.19 亿元的第一产业产值，农用地地均第一产业产值超过 0.30 亿元每万亩的有 7 个地级市。

（5）权属类型以集体用地为主

全省国有用地与集体用地结构比例约为 1∶4.42，其中农用地和建设用地均是集体用地为主，而未利用地则以国有用地为主。

2.2 重点地类概况

新时代生态文明建设背景下，国家对美丽国土空间格局的开发、保护、建设提出了新的要求，围绕耕地保护、城市扩张和生态保护三者的协调平衡，本节选取耕地、建设用地以及生态用地作为广东省土地利用中的重点地类，并对重点地类的现状情况进行描述。

2.2.1 耕地利用现状

耕地是保障粮食安全的重要基础，摸清耕地利用现状是保护耕地、推进可持续发展的重要先决条件。按照"三调"用地分类标准，耕地可分为水田、旱地、水浇地三个二级类。水田指用于种植水稻、莲藕等水生农作物的耕地，包括实行水生、旱生农作物轮种的耕地，水田数量是农业生产条件改善的重要指标；旱地指无灌溉设施，主要靠天然降水种植旱生农作物的耕地，包括没有灌溉设施，仅靠引洪淤灌的耕地；水浇地指有水源保证和灌溉设施，在一般年景能正常灌溉，种植旱生农作物（含蔬菜）的耕地，包括种植蔬菜的非工厂化的大棚用地。

2.2.1.1 耕地规模结构

根据"三调"数据统计，全省耕地总面积为2 852.87万亩，占全省土地面积10.58%，人均耕地面积为0.25万亩。其中水田面积较多，为2 061.25万亩，水浇地245.94万亩，旱地545.68万亩，如图2.2所示。

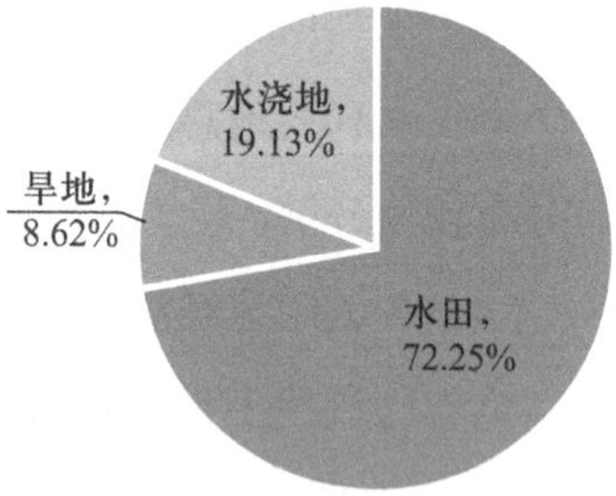

2.2.1.2 耕地空间分布

（1）行政区划

图 2.2 全省耕地结构图

从行政区划来看，湛江市耕地面积最大，为619.45万亩，占全省耕地面积21.71%；清远市次之，为263.42万亩，占全省耕地面积9.23%；珠海市和深圳市耕地面积最少，分别为9.84万亩和4.27万亩，占全省耕地面积分别为0.34%和0.15%。此外，人均耕地面积决定行政区内耕地资源数量丰缺，全省人均耕地面积仅为0.25亩，其中湛江市人均耕地面积为0.84亩，处于全省最高水平，其次是韶关市，人均耕地面积为 0.80 亩。揭阳、潮州、汕头、广州、珠海、佛山、中山、东莞以及深圳等城市，人均耕地面积均低于全省平均水平，如图 2.3，2.4 所示。

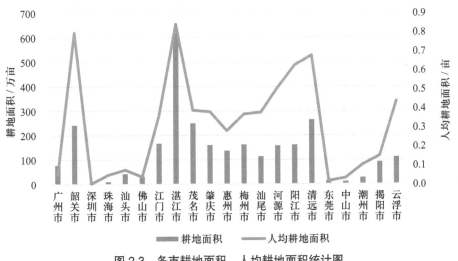

图 2.3　各市耕地面积、人均耕地面积统计图

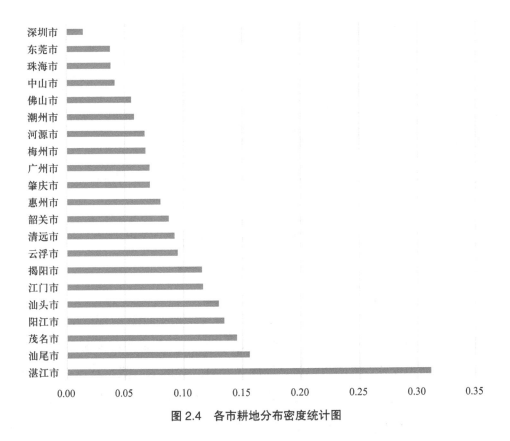

图 2.4　各市耕地分布密度统计图

23

（2）空间分布

从地理分布方位来看，广东省耕地分布呈现明显分层特征，由北至南呈现"多—少—多"的格局（图2.5）。全省耕地资源主要分布在粤西沿海区，耕地面积总计1 029.63万亩。其次是粤西北山区，耕地面积为935.68万亩。珠三角平原区的耕地面积为611.77万亩。粤东沿海区的耕地面积在四大区中最少，为275.79万亩。从耕地的二级类结构来看，四大区的耕地均以水田为主。具体来看，粤西北山区的肇庆、清远、韶关、河源、梅州等市，以及粤西沿海区的湛江、茂名、阳江与珠三角平原区的江门等市耕地面积较大，中部其他城市耕地面积整体偏小。全省耕地分布密度为10.58%，其中粤西沿海区的湛江市耕地分布密度最大，达到31.13%，汕尾市次之，为15.61%；深圳市分布密度仅为1.43%，耕地面积占比极少。

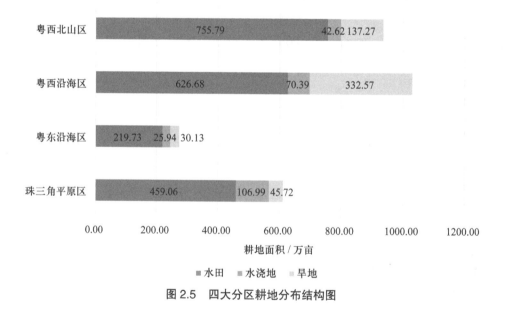

图2.5　四大分区耕地分布结构图

2.2.1.3　耕地坡度分区

坡度状况可以衡量耕地的利用和生产能力，统计不同坡度耕地数量情况有助于摸清全省耕地利用水平。依照"三调"技术规范，坡度≤2°的情况视为坡度等级一级，坡度在2°~6°之间为二级，坡度在6°~15°之间为三级，坡度在15°~25°之间为四级，坡度≥25°则为五级。通常一级坡度的耕地以平地为主，二级、三级、四级、五级的坡度中，耕地包含梯田与坡地。

全省耕地中坡度为一级的耕地面积共 2 091.97 万亩，占全省耕地面积的 73.33%，主要集中分布在湛江市；二级坡度耕地面积为 446.37 万亩，占全省耕地面积的 15.65%，其中包含 368.72 万亩的梯田，主要分布在湛江、清远、韶关等城市；三级坡度耕地面积为 251.99 万亩，占全省耕地面积 8.83%，主要分布在清远、韶关、梅州等城市，且其中耕地类型以梯田为主；四级和五级坡度的耕地面积较少，分别为 40.37 万亩和 22.18 万亩，占全省耕地面积比重分别为 1.41% 和 0.78%，且均以梯田为主，含少量坡地，该等级耕地主要分布在清远、茂名、韶关、梅州等城市，具体数据如表 2.8 所列，图 2.6 所示。

表 2.8　不同坡度耕地面积统计表

统计项 坡度级	平地		梯田		坡地		合计 / 万亩	占比 / %
	面积 / 万亩	占比 /%	面积 / 万亩	占比 /%	面积 / 万亩	占比 /%		
1	2 091.97	100.00	0	0.00	0	0.00	2 091.97	73.33
2	0	0.00	368.72	82.60	77.65	17.40	446.37	15.65
3	0	0.00	229.02	90.89	22.97	9.11	251.99	8.83
4	0	0.00	37.72	93.45	2.64	6.55	40.37	1.41
5	0	0.00	21.34	96.22	0.84	3.78	22.18	0.78
总计	2 091.97	73.33	656.80	23.02	104.10	3.65	2 852.87	100.00

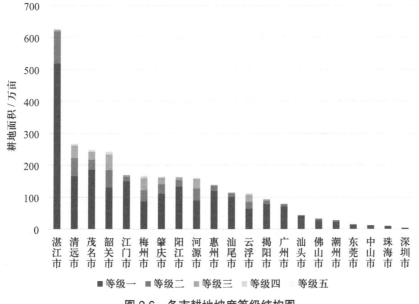

图 2.6　各市耕地坡度等级结构图

2.2.1.4 耕地种植类型

依照"三调"技术规范，按种植类型这一属性来分类，耕地可分为种植粮食作物、种植非粮作物、粮与非粮轮作、休耕、林粮间作和未耕种这六类。由"三调"工作国家下发的更新成果统计数据来看，全省耕地中以种植粮食作物这一类型为主，占比近五成，主要分布在湛江、清远等城市；随后是种植非粮作物的耕地，占比达 20.11%，湛江市占去较大比重，其他城市普遍较少；粮与非粮轮作的耕地面积主要分布在茂名、汕尾两市；而未耕种的耕地也达到了 18.41%，各市均有一定面积耕地处于未耕种状态，没有进行充分的开发利用，具体数据如表 2.9 所列，图 2.7 所示。

表 2.9 不同种植类型耕地面积统计表

种植类型	种植粮食作物	种植非粮作物	粮与非粮轮作 + 林粮间作	休耕	未耕种	小计
面积 / 万亩	1 414.20	573.64	339.58	0.19	525.26	2 852.87
占比 /%	49.57	20.11	11.90	0.01	18.41	100.00

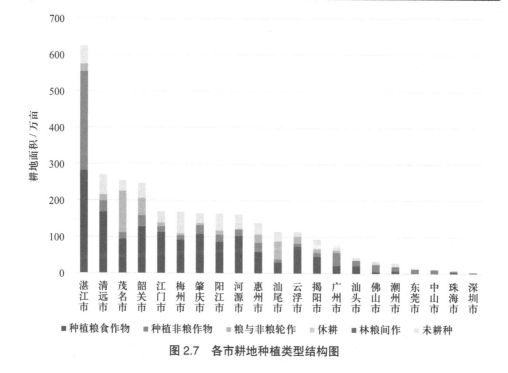

图 2.7 各市耕地种植类型结构图

2.2.1.5　恢复地类情况

据"三调"成果分析可知，广东省恢复地类总面积为 1 103.60 万亩，其中即可恢复面积为 608.34 万亩，占恢复地类总面积 55.12%，工程恢复面积为 495.26 万亩，占比为 44.88%。全省即可恢复面积主要以园地为主，面积为 370.31 万亩，占即可恢复总面积的 60.87%，其次是坑塘，面积为 142.08 万亩，占 23.36%，草地面积最少，仅有 0.25 万亩，占比仅 0.04%。全省工程恢复面积主要以林地为主，面积高达 249.60 万亩，占工程恢复总面积 50.40%，其次为园地，面积约 177.20 万亩，占比为 35.78%，具体数据如表 2.10 所示，图 2.8 所示。

表 2.10　恢复地类总体情况统计表

万亩

地类 恢复地类	林地	草地	园地	坑塘	合计
即可恢复面积	95.71	0.25	370.31	142.08	608.34
工程恢复面积	249.60	1.59	177.20	66.87	495.26
合计	345.31	1.83	547.51	208.95	1 103.60

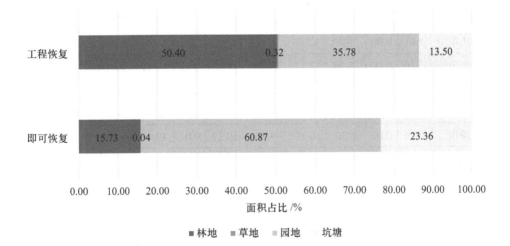

图 2.8　恢复地类结构图

按行政区来看，全省恢复地类面积最大的地级市为湛江市，其恢复地类面积共计 151.75 万亩，其次是阳江市，恢复地类面积为 101.27 万亩。而恢复地类面积较少的地级市分别有深圳市、中山市、东莞市等，其恢复地类面积依次为 1.02 万亩、14.42 万亩、14.75 万亩。其中阳江市即可恢复面积高达 76.50 万亩，处于全省最高水平，其次分别有梅州市、湛江市、江门市等城市均拥有较多即可恢复面积，而深圳市、汕尾市在全省即可恢复地类面积中排名最后。全省工程恢复地类面积最多的地级市为湛江市，高达 102.43 万亩，深圳、东莞等市工程恢复地类面积处于全省排名末位，如表 2.11 所列。

表 2.11　恢复地类空间分布情况统计表

万亩

行政区 \ 地类	即可恢复					工程恢复					合计
	林地	草地	园地	坑塘	小计	林地	草地	园地	坑塘	小计	
广州市	1.62	0.20	23.74	1.12	26.68	2.74	0.71	8.57	2.41	14.43	41.11
韶关市	6.17	0.02	24.53	1.73	32.45	23.13	0.02	9.65	3.07	35.87	68.32
深圳市	0.05	0.00	0.36	0.01	0.42	0.27	0.04	0.24	0.05	0.60	1.02
珠海市	0.34	0.00	6.32	14.74	21.40	0.30	0.06	0.89	3.74	4.99	26.39
汕头市	0.60	0.00	11.10	14.20	25.90	0.80	0.00	0.83	1.56	3.19	29.09
佛山市	0.86	0.01	12.14	23.65	36.66	2.52	0.15	2.16	1.25	6.08	42.74
江门市	2.33	0.00	30.11	16.35	48.79	16.65	0.03	13.38	6.72	36.78	85.56
湛江市	5.35	0.00	42.10	1.87	49.32	57.81	0.00	40.67	3.95	102.43	151.75
茂名市	3.14	0.00	20.65	2.51	26.31	12.21	0.01	24.29	7.70	44.21	70.51
肇庆市	2.41	0.00	20.40	18.76	41.57	17.53	0.01	10.73	5.19	33.47	75.04
惠州市	5.16	0.00	24.84	2.37	32.37	12.76	0.10	10.19	2.30	25.35	57.72
梅州市	18.78	0.00	26.54	4.90	50.22	13.85	0.02	8.32	2.06	24.25	74.47
汕尾市	2.27	0.00	3.06	1.09	6.42	9.14	0.01	2.74	4.04	15.93	22.35
河源市	2.16	0.00	6.30	0.73	9.18	10.29	0.01	10.18	4.56	25.04	34.22
阳江市	27.29	0.01	31.87	17.34	76.50	18.26	0.00	3.75	2.76	24.77	101.27
清远市	8.44	0.00	28.59	2.82	39.86	35.25	0.03	14.39	6.23	55.89	95.75
东莞市	0.35	0.00	7.17	5.25	12.77	0.66	0.23	0.80	0.29	1.98	14.75
中山市	0.02	0.00	8.03	1.13	9.17	0.25	0.13	0.70	4.17	5.25	14.42
潮州市	3.45	0.00	19.80	5.52	28.76	2.97	0.01	0.77	0.52	4.26	33.02
揭阳市	3.49	0.00	15.99	4.77	24.25	4.56	0.01	4.55	1.99	11.11	35.36
云浮市	1.42	0.00	6.70	1.23	9.35	7.66	0.01	9.40	2.31	19.38	28.73
合计	95.71	0.25	370.31	142.08	608.34	249.60	1.59	177.20	66.87	495.26	1 103.60

即可恢复地类面积中，阳江市和梅州市的即可恢复林地面积较多，分别为

27.29 万亩和 18.78 万亩，广州市的即可恢复草地面积处于全省最高水平，共计 0.20 万亩，即可恢复园地面积最多的地级市为湛江市，共计 42.1 万亩，而即可恢复坑塘面积最多的地级市则为佛山市，共计 23.65 万亩。工程恢复地类面积中，林地面积最大的地级市为湛江市，共计 57.81 万亩，草地面积最大的为广州市，共计 0.71 万亩，园地面积最大的地级市同样是湛江市，面积高达 40.67 万亩，而工程恢复坑塘面积最大的地级市为茂名市，共计 7.70 万亩。

"三调"数据成果中，即可恢复地类面积包含了部分可调整地类面积，具体有可调整果园（0201K）、可调整茶园（0202K）、可调整橡胶园（0203K）、可调整其他园地（0204K）、调整乔木林地（0301K）、可调整竹林地（0302K）、可调整其他林地（0307K）、可调整人工牧草地（0403K）、可调整养殖坑塘（1104K）等 9 种类型。全省范围内可调整地类面积共 185.06 万亩，主要包括 94.99 万亩可调整养殖坑塘、67.69 万亩可调整果园等地类，可调整其他林地仅有 0.13 万亩，且全省可调整人工牧草地面积为 0，如表 2.12 所列。

表 2.12　可调整地类空间分布情况统计表

万亩

地类\行政区	可调整果园	可调整茶园	可调整橡胶园	可调整其他园地	可调整乔木林地	可调整竹林地	可调整其他林地	可调整人工牧草地	可调整养殖坑塘	合计
广州市	0.93	0.00	0.00	0.05	0.00	0.00	0.00	0.00	0.22	1.20
韶关市	0.43	0.01	0.00	0.00	0.00	0.00	0.00	0.00	0.44	0.89
深圳市	0.00	0.00	0.00	0.00	0.00	0.00	0.00	0.00	0.00	0.00
珠海市	0.19	0.00	0.00	0.08	0.00	0.00	0.00	0.00	12.37	12.65
汕头市	5.54	0.01	0.00	0.03	0.03	0.00	0.00	0.00	10.55	16.16
佛山市	0.03	0.00	0.00	2.36	0.02	0.01	0.00	0.00	18.93	21.35
江门市	2.39	0.00	0.00	0.86	0.02	0.24	0.01	0.00	14.13	17.65
湛江市	4.80	0.00	0.00	0.01	1.19	0.00	0.00	0.00	0.04	6.04
茂名市	7.95	0.00	0.00	0.03	0.08	0.00	0.06	0.00	0.48	8.60
肇庆市	8.26	0.00	0.00	0.13	0.01	0.00	0.00	0.00	11.03	19.43
惠州市	1.31	0.00	0.00	0.01	0.21	0.00	0.00	0.00	1.02	2.55
梅州市	5.14	0.09	0.00	0.04	0.04	0.00	0.00	0.00	1.54	6.87
汕尾市	0.00	0.00	0.00	0.00	0.00	0.00	0.00	0.00	0.00	0.00

地类\行政区	可调整果园	可调整茶园	可调整橡胶园	可调整其他园地	可调整乔木林地	可调整竹林地	可调整其他林地	可调整人工牧草地	可调整养殖坑塘	合计
河源市	0.04	0.00	0.00	0.00	0.00	0.00	0.00	0.00	0.01	0.04
阳江市	9.53	0.00	1.84	0.95	6.32	0.72	0.03	0.00	12.93	32.31
清远市	4.26	0.02	0.00	0.01	1.44	0.00	0.01	0.00	1.34	7.07
东莞市	3.83	0.00	0.00	0.03	0.03	0.00	0.00	0.00	3.11	6.99
中山市	2.38	0.00	0.00	2.29	0.00	0.00	0.00	0.00	1.06	5.72
潮州市	3.94	1.75	0.00	0.19	0.11	0.10	0.00	0.00	3.17	9.25
揭阳市	5.54	0.34	0.00	0.20	0.10	0.02	0.00	0.00	2.31	8.51
云浮市	1.21	0.00	0.00	0.23	0.01	0.00	0.00	0.00	0.32	1.77
广东省	67.69	2.22	1.84	7.50	9.60	1.09	0.13	0.00	94.99	185.06

从行政区来看，全省可调整地类面积最多的地级市为阳江市，共计32.31万亩，其次分别是佛山市、肇庆市、江门市、汕头市、珠海市等地级市，可调整地类面积均在10万亩以上。此外，汕尾市和深圳市可调整地类面积均为0，河源市也仅有0.04万亩可调整地类面积。

2.2.1.6 永久基本农田土地利用现状

基本农田是指中国按照一定时期人口和社会经济发展对农产品的需求，依据土地利用总体规划确定的不得占用的耕地。永久基本农田就是我们常说的基本农田。加上"永久"二字，体现了党中央、国务院对耕地特别是基本农田的高度重视，体现的是严格保护的态度。基本农田保护是应对经济社会发展过程中耕地资源消耗的严峻形势而采取的制度设计，是中国耕地保护政策的重中之重，其主要目的在于通过保护耕地中的精华，以确保中国粮食安全和社会稳定。

通过对现基本农田范围内的土地利用现状进行评价分析，并结合农用地和耕地的布局重合度分析，协助守住耕地红线和基本农田红线，把永久基本农田划定、钉牢，把设施农业发展的好事办好、实事办实，为保障国家粮食安全、促进现代农业发展作出应有的贡献。

根据"三调"成果数据统计，广东省永久基本农田范围内的土地总面积为3 447.08万亩。从三大类的结构来看，永久基本农田范围内的农用地面积为

3 368.84 万亩，占基本农田范围内总面积的 97.73%，建设用地的面积为 56.11 万亩，占比为 1.63%，未利用地的面积为 22.12 万亩，占基本农田土地的 0.64%，如图 2.9 所示。

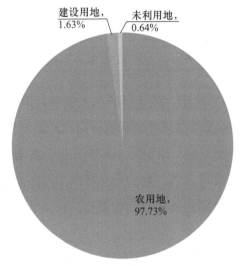

图 2.9　广东省基本农田范围内土地利用三大类结构

从一级类规模结构来看，广东省永久基本农田范围内的地类以耕地为主，面积为 2 018.93 万亩，占全省永久基本农田范围内土地总面积的 58.57%。其次是林地，占地面积为 475.00 万亩，占比为 13.78%。再次为种植园用地，面积共 473.58 万亩，占永久基本农田范围内土地总面积的 13.74%。水工建筑用地和湿地面积最少，分别仅有 1.51 万亩、1.01 万亩，面积占永久基本农田范围内土地总面积分别为 0.04%、0.03%，如表 2.13 所列。

表 2.13　广东省永久基本农田范围内土地利用一级类现状

土地利用类型	面积 / 万亩	占比 /%
湿地	1.01	0.03
耕地	2 018.93	58.57
种植园用地	473.58	13.74
林地	475.00	13.78
草地	12.67	0.37
城镇村及工矿用地	36.15	1.05

土地利用类型	面积/万亩	占比/%
交通运输用地	18.46	0.54
水域	312.33	9.06
水工建筑用地	1.51	0.04
其他土地	97.45	2.83
合计	3 447.08	100

在广东省的 21 个地级市中,湛江市的永久基本农田范围内的土地总面积最大,为 572.85 万亩,占全省永久基本农田范围内土地总面积的 16.62%。其次是清远市,基本农田范围内的土地总面积为 338.59 万亩,占全省的 9.82%。茂名市基本农田范围内的土地总面积次之,为 293.89 万亩,占比为 8.53%。东莞市、珠海市、深圳市的基本农田范围内土地总面积最少,依次为 31.44 万亩、29.25 万亩、3.10 万亩,占比均不到 1%。

从永久基本农田范围内农用地的布局来看,全广东省的基本农田范围内,农用地布局重合度高达 97.73%,21 个地级市的永久基本农田范围内农用地布局重合度均在 90% 以上,且除了东莞市和中山市,其余 19 个地级市的永久基本农田范围内农用地布局重合度均在 95% 以上。从永久基本农田范围内耕地的布局来看,全广东省的基本农田范围内耕地布局重合度为 58.57%,各地级市之间的耕地布局重合度空间差异较大。其中基本农田范围内耕地布局重合度最大的是汕尾市,达到了 71.43%。其次是湛江市,永久基本农田范围内耕地布局重合度达到了 70.75%。深圳市次之,耕地布局重合度为 68.23%。而耕地布局重合度最小的是中山市,仅有 10.17%,如表 2.14 所列。

表 2.14　各行政区基本农田范围农用地、耕地情况

序号	行政区名称	基本农田范围土地面积/万亩	农用地面积/万亩	农用地布局重合度/%	耕地面积/万亩	耕地布局重合度/%
1	广州市	137.65	132.08	95.96	51.42	37.36
2	韶关市	292.11	285.13	97.61	187.72	64.26
3	深圳市	3.10	3.03	97.83	2.11	68.23
4	珠海市	29.25	28.86	98.69	4.45	15.23

续表

序号	行政区名称	基本农田范围土地面积/万亩	农用地面积/万亩	农用地布局重合度/%	耕地面积/万亩	耕地布局重合度/%
5	汕头市	46.75	45.72	97.81	22.71	48.58
6	佛山市	61.28	59.81	97.59	14.32	23.36
7	江门市	229.37	226.89	98.92	127.82	55.73
8	湛江市	572.85	567.83	99.12	405.29	70.75
9	茂名市	293.89	287.75	97.91	178.48	60.73
10	肇庆市	204.49	199.42	97.52	114.25	55.87
11	惠州市	170.50	166.90	97.89	102.92	60.36
12	梅州市	216.52	207.97	96.05	122.90	56.76
13	汕尾市	120.13	117.80	98.07	85.81	71.43
14	河源市	183.93	177.59	96.56	120.19	65.34
15	阳江市	173.39	171.54	98.93	117.01	67.48
16	清远市	338.59	331.71	97.97	194.25	57.37
17	东莞市	31.44	28.31	90.03	5.46	17.37
18	中山市	54.89	51.34	93.54	5.58	10.17
19	潮州市	44.90	43.17	96.14	17.98	40.04
20	揭阳市	107.68	104.33	96.89	60.36	56.06
21	云浮市	134.39	131.66	97.97	77.89	57.96
	合计	3 447.08	3 368.84	97.73	2 018.93	58.57

　　总体来看，广东省永久基本农田范围内的农用地布局重合度较高，耕地布局重合度也达到了 58.57%，这表明广东省永久基本农田范围内除耕地外，其余土地以其他农用地为主，例如种植园用地、林地等，均能满足人口和社会经济发展对农产品的需求。空间分布上，全省 21 个地级市的农用地布局重合度均在 90% 以上，且 14 个地级市的耕地布局重合度均在 50% 以上，这表明大部分地级市永久基本农田范围内的土地均以耕地和其他农用地为主。虽然珠三角地区的佛山市、东莞市、中山市、珠海市的耕地布局重合度均在 30% 以下，但农用地布局重合度仍在 90% 以上，范围划定科学合理，能够为农业生产发展提供保障。

2.2.1.7 耕地小结

总结归纳全省耕地分布现状特征可知。

（1）耕地资源紧缺，地域差异大：耕地是保障粮食安全，关乎国计民生的重要资源，全省耕地面积为 2 852.87 万亩，人均耕地面积仅有 0.25 亩。空间分布上，耕地资源主要集中在粤西沿海区湛江、茂名等市，珠三角平原区耕地面积较少，深圳、东莞等市耕地面积分布密度极低。

（2）平地多、坡地少。全省耕地坡度以 2° 以下的平地为主要类型，其面积为 2 091.97 万亩，占全省耕地面积七成以上；此外还包含两成左右的梯田，主要分布粤西北山区，如清远、韶关、梅州、湛江等市；少量坡地主要分布在茂名市。

（3）粮食作物与非粮作物是主要种植类型。从种植类型来看，种植粮食作物的耕地面积为 1 414.20 万亩，种植非粮作物的耕地面积为 573.64 万亩，二者占据全省耕地七成面积，其中湛江市所占面积最大。

（4）恢复地类以园地、林地为主。全省恢复地类中，园地和林地合计占比超过 80%，相反，草地中恢复地类仅有 1.83 万亩。

（5）永久基本农田范围内仍然存在建设用地与非耕农用地，要为农业发展和满足生活需求提供保障、实现永久基本农田价值，还需进一步对基本农田范围进行优化。

2.2.2 建设用地利用现状

建设用地是城市发展的空间载体。按照国家下发的第三次全国国土调查工作分类要求，建设用地主要包括商业服务业用地（05）、工矿用地（06）、住宅用地（07）、公共管理与公共服务用地（08）、特殊用地（09）、交通运输用地（10）等一级类，以及水工建筑用地（1109）、空闲地（1201）等细化地类。此外，"三调"工作还将城乡居民点、独立居民点以及居民点以外的工矿、国防、名胜古迹等企事业单位用地及其内部的交通、绿化用地统称为城镇村及工矿用地（20），包含城市（201）、建制镇（202）、村庄（203）、采矿用地（204）、风景名胜及特殊用地（205）5 类。

本书中所统计的建设用地面积主要包括城镇村及工矿用地、交通运输用地、水工建筑用地。

2.2.2.1　建设用地规模结构

根据"三调"成果数据统计，全省建设用地总面积为 3 038.06 万亩。在建设用地的结构中，城镇村及工矿用地的面积最大，为 2 645.74 万亩，占比达到了 87.09%，其次是交通运输用地，面积为 346.27 万亩，占全省建设用地面积的 11.40%，水工建筑用地最少，面积为 46.04 万亩，占全省建设用地总面积的 1.52%，如表 2.15 所列。

表 2.15　建设用地地类面积统计表

地类		统计项	
		面积 / 万亩	占比 /%
城镇村及工矿用地	城市	676.69	22.27
	建制镇	670.86	22.08
	村庄	1 211.85	39.89
	采矿用地	61.24	2.02
	风景名胜及特殊用地	25.11	0.83
	小计	2 645.74	87.09
交通运输用地	铁路用地	22.55	0.74
	轨道交通用地	3.28	0.11
	公路用地	301.98	9.94
	机场用地	7.28	0.24
	港口码头用地	10.65	0.35
	管道运输用地	0.54	0.02
	小计	346.27	11.40
水工建筑用地	水工建筑用地	46.04	1.52
合计		3 038.06	100

2.2.2.2　建设用地空间分布

（1）行政区划

从行政区划来看，建设用地主要分布在广州市、湛江市、佛山市、茂名市、东莞市、惠州市等地区。广州市建设用地面积最大，为 282.37 万亩，占全省建设用地总面积的 9.29%；湛江市次之，为 239.97 万亩，占全省建设用地面积的7.90%；汕尾市和潮州市建设用地面积最少，面积分别为 61.10 万亩和 64.36 万亩，分别占全省建设用地面积的 2.01% 和 2.12%。

从人均建设用地来看，全省人均建设用地面积为 0.26 亩，人均建设用地最多的地区为韶关市，为 0.41 亩，其次是清远市，最少的是深圳市，为 0.11 亩。其中，广州市、深圳市、汕头市、汕尾市、东莞市、潮州市、揭阳市的人均建设用地低于全省平均水平，如图 2.10 所示。

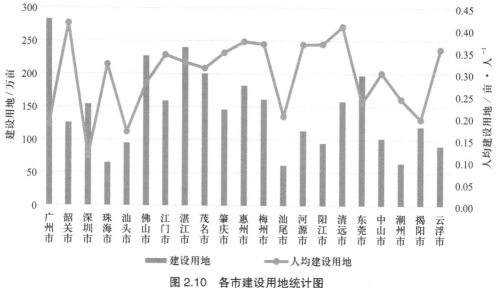

图 2.10　各市建设用地统计图

（2）空间分布

从四大区来看，广东省的建设用地主要分布于珠三角平原区，建设用地面积为 1 513.91 万亩，占全省建设用地面积的 49.83%。粤西北山区的建设用地面积第二，为 649.12 万亩，占全省建设用地面积的 21.37%。粤西沿海区的建设用地面积为534.87 万亩。粤东沿海区的建设用地面积最少，为 340.15 万亩，如图 2.11 所示。

2.2.2.3　建设用地开发强度

开发强度是指建设用地占辖区总面积的比例。从开发强度来看，全省建设用地开发强度为 11.27%，其中东莞市的建设用地开发强度最高，为 53.52%，其次是深圳市，建设用地开发强度为 51.52%，建设用地开发强度最低的是韶关市，为 4.55%。

全省所辖十一个行政区域的建设用地开发强度均高于广东省建设用地开发强度，分别为广州市、深圳市、珠海市、汕头市、佛山市、湛江市、茂名市、东莞市、中山市、潮州市、揭阳市。从地理分布来看，广东省建设用地开发强度较高的地区主要分布在珠三角区域。

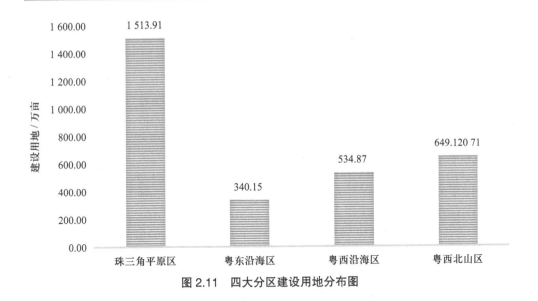

图2.11　四大分区建设用地分布图

2.2.2.4　城镇村及工矿用地现状分析

"三调"工作要求对城镇村及工矿用地内部的土地利用现状开展细化调查，查清其内部商业服务业用地、工矿用地、物流仓储用地、住宅用地、公共管理与公共服务用地和特殊用地等土地利用状况。

经统计，全省城镇村及工矿用地内共有建设用地 2 245.85 万亩，其中住宅用地占比最大，其面积有 1 110.53 万亩，空闲地占比最小，面积为 9.46 万亩。全省城市范围中共有建设用地 634.65 万亩，在城市各类型建设用地中，住宅用地的面积占比最大，为 36.02%，其次为工矿用地，占比 21.75%；全省建制镇范围内共有建设用地 634.6 万亩，在各类型建设用地中，住宅用地的面积占比最大，为 37.37%，其次为工矿用地，占比 33.78%；全省村庄范围中共有建设用地 894.13 万亩，在各类型建设用地中，住宅用地的面积占比最大，为 72.1%，其次为工矿用地，占比 13%；全省盐田及采矿用地范围内共有建设用地 57.36 亩，其中工矿用地占比最大，为 99.63%，其次为商业服务业用地，占比 0.12%；全省特殊用地范围内共有建设用地 25.1 万亩，其中特殊用地类型占比最大，为 99.13%，其次为公共管理与公共服务用地，占比 0.36%。在不同类型城镇村及工矿用地中，城市范围内的建设用地占比为 93.79%，建制镇范围内建设用地占比为 94.6%，村庄范围内的建设用地占比为 73.78%，盐田及采矿用地范围内的建设用地占比为 93.67%，特殊用地范围内的建设用地占比为 100%，如表 2.16 所列。

表 2.16　城镇村及工矿用地内部情况统计表

万亩

地类 城镇村及 工矿用地	建设用地								非建 设用 地
	商业服 务业用 地	工矿 用地	住宅 用地	公共管理 与公共服 务用地	特殊 用地	交通 运输 用地	水工 建筑 用地	空闲 地	
城市	72.56	138.07	228.60	82.66	8.79	101.82	0.00	2.15	42.04
建制镇	47.36	214.38	237.16	56.57	4.13	72.77	0.00	2.23	36.25
村庄	31.15	116.27	644.68	54.32	8.24	34.39	0.00	5.08	317.73
盐田及采矿用地	0.07	57.15	0.06	0.02	0.01	0.05	0.00	0.00	3.88
特殊用地	0.03	0.03	0.02	0.09	24.89	0.04	0.00	0.00	0.00
合计	151.19	525.89	1 110.53	193.65	46.06	209.07	0.00	9.46	399.90

　　按照四大区对各类型建设用地占比进行统计。在珠三角平原区，主要的建设用地类型为住宅用地，占比 41.89%。其次为工矿用地、公共管理与公共服务用地，商业服务业用地占比较少，为 10.6%；在粤西沿海区，住宅用地占比 75.36%，为最主要的建设用地类型，其次为工矿用地，公共管理与公共服务用地、商业服务业用地占比较少，分别为 6.8%、3.47%；在粤西北山区，住宅用地仍为最主要建设用地类型，占比 67.4%，其次为工矿用地、公共管理与公共服务用地，商业服务用地占比较少，为 4.1%；在粤东沿海区，住宅用地占比 61.18%，其次为工矿用地、公共管理与公共服务用地、特殊用地，如图 2.12 所示。

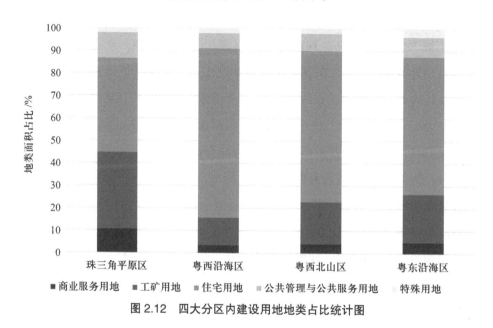

图 2.12　四大分区内建设用地地类占比统计图

2.2.2.5　开发区土地利用现状分析

开发区作为产业升级、区域发展的助推器和科技创新基地，在对外吸引投资、扩大出口、引进人才，对内服务母城、发挥改革试点辐射作用等方面，都具有举足轻重的作用。开发区作为广东省发展工业、制造业的载体成长迅速，在对外开放、吸引外资、促进区域经济发展方面，起到了窗口、辐射、示范和带动作用，已经成为广东省国民经济新的增长点，在全省经济结构调整和产业结构调整方面起到了很重要的作用。通过对开发区内土地利用程度指数分析，协助研究制定开发区发展规划，对于充分发挥开发区优势、科学开展招商引资、切实提升开发区核心竞争力等具有重要作用。

（1）土地利用程度指数

土地利用程度的变化不仅可以反映土地利用的自然属性，也反映了人为因素和自然环境因素的综合作用。根据刘纪远等学者提出的土地利用程度综合分析方法，可将土地利用程度按照土地自然综合体在社会经济等因素综合影响下的自然平衡状态分为4级（表2.17），并赋予其分级指数，从而给出了土地利用程度综合指数的定量化表达式。

表2.17　土地利用程度分级赋值表

土地状态	未利用土地级	草、林、水用地级	农业用地级	城镇建设用地级
土地利用类型	未利用土地	草地、林地、水域	耕地	建设用地
分级指数	1	2	3	4

土地利用综合程度指数：

$$L_j = 100 \times \sum_{i=1}^{n} (A_i \times C_i) \qquad (2.1)$$

式中：L_j 表示研究区域土地利用程度的综合指数；A_i 表示研究区域第 i 级土地利用程度分级指数；C_i 表示研究区域第 i 级土地利用程度分级面积百分比；n 表示土地利用程度分级数。

（2）国家级开发区

国家级开发区是指由国务院批准，在城市规划区内设立的国家级经济技术开发区、国家级高新技术产业开发区、国家级旅游度假区、国家级保税区等实行国家特定优惠政策的各类开发区。

根据"三调"成果数据统计，广东省国家级开发区范围的土地总面积为38.47万亩。从三大类的结构来看，国家级开发区范围内农用地的面积为5.28万亩，占开发区总面积的13.72%，建设用地的面积为31.06万亩，占比为80.73%，未利用地的面积为2.14万亩，占开发区土地的5.55%。三大类用地占比为2.47 : 14.54 : 1，如图2.13所示。

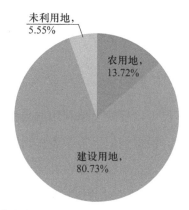

图2.13　广东省国家级开发区范围内土地利用三大类结构

从一级类规模结构来看，广东省国家级开发区范围内的地类以城镇村及工矿用地为主，面积为28.64万亩，占国家级开发区范围内土地总面积的74.44%。其次是交通运输用地，占地面积为2.30万亩，占开发区总面积的5.98%。林地次之，为1.82万亩，占比为4.73%。其他土地、水工建筑用地、湿地的面积最少，依次为0.15万亩、0.12万亩、0.09万亩，面积占国家级开发区范围内土地总面积分别为0.39%、0.30%、0.24%，如表2.18所列。

表2.18　广东省国家级开发区范围内土地利用一级类现状

土地利用类型	面积 / 万亩	占比 /%
国家级开发区土地	38.47	100
湿地	0.09	0.24
耕地	0.97	2.53
种植园用地	1.23	3.20
林地	1.82	4.73
草地	1.69	4.39

续表

土地利用类型	面积/万亩	占比/%
城镇村及工矿用地	28.64	74.44
交通运输用地	2.30	5.98
水域	1.46	3.79
水工建筑用地	0.12	0.30
其他土地	0.15	0.39

在广东省的 21 个地级市中, 14 个地级市建立了国家级开发区, 分别为广州市、深圳市、珠海市、汕头市、佛山市、江门市、茂名市、惠州市、河源市、清远市、东莞市、中山市。其中广州市的国家级开发区范围内土地总面积最大, 为 17.21 万亩, 占全省国家级开发区土地面积的 44.72%。从各地级市的国家级开发区范围内土地利用三大类结构来看, 广州市、深圳市、珠海市、汕头市、佛山市、江门市、茂名市、惠州市、河源市、东莞市、中山市均以建设用地占比为主。

国家级开发区范围内的建设用地占比在 90% 以上的有深圳市、珠海市、佛山市、东莞市, 土地利用率较高, 其中最高的为深圳市, 建设用地占比高达 98.83%。清远市的国家级开发区以农用地占比为主, 共计 64.80%, 开发区内的建设用地占比仅有 25.35%。肇庆市的国家级开发区则是以未利用地为主, 占比为 42.76%, 建设用地仅有 31.20%, 如表 2.19 所列。

表 2.19 各市国家级开发区范围内土地利用三大类情况

序号	行政区名称	国家级开发区总面积/万亩	农用地/%	建设用地/%	未利用地/%
	广东省	38.47	13.72	80.73	5.55
1	广州市	17.21	18.37	76.32	5.31
2	深圳市	3.11	0.58	98.83	0.60
3	珠海市	4.30	2.93	90.79	6.28
4	汕头市	0.45	8.38	86.50	5.11
5	佛山市	1.50	1.42	97.11	1.47
6	江门市	1.23	19.69	77.64	2.67
7	湛江市	0.33	51.02	45.57	3.41
8	茂名市	0.99	27.62	66.62	5.76

续表

序号	行政区名称	国家级开发区总面积 / 万亩	农用地 /%	建设用地 /%	未利用地 /%
9	肇庆市	0.29	26.04	31.20	42.76
10	惠州市	3.68	9.26	83.25	7.49
11	河源市	1.24	21.98	68.13	9.89
12	清远市	0.08	64.80	25.35	9.85
13	东莞市	1.50	2.05	97.06	0.88
14	中山市	2.56	17.81	72.64	9.54

根据"三调"成果数据分析可知，广东省国家级开发区范围内的土地利用程度指数为366.80，国家级开发区土地利用率高。

在14个地级市的国家级开发区范围中，有6个地级市的国家级开发区范围内的土地利用程度指数高于全省平均水平，分别为深圳市、珠海市、汕头市、佛山市、惠州市、东莞市。其中深圳市的土地利用程度指数最高，为397.65，表明深圳市国家级开发区范围内的土地利用率最高。其次是佛山市和东莞市，国家级开发区范围内的土地利用程度指数分别达到了394.88和394.41。而清远市的国家级开发区范围内的土地利用程度指数最低，仅达到了254.07，国家级开发区范围内的土地利用率低，如图2.14所示。

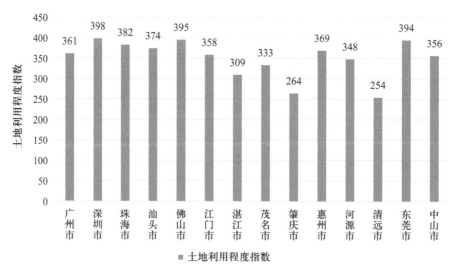

图 2.14　广东省国家级开发区范围内土地利用程度指数

（3）省级开发区

省级开发区是纳入《中国开发区审核公告目录》管理的产业园区，是产业发展的重要载体，是区域经济的重要支撑，是对外开放的重要窗口，发挥着促进发展方式转变、引领产业结构升级、带动地区经济发展、深化改革、扩大开放、加快工业化城镇化进程等重要作用。

根据"三调"成果数据统计，广东省省级开发区范围内的土地总面积为45.65万亩。从三大类的结构来看，省级开发区范围内农用地的面积为12.47万亩，占开发区总面积的27.31%，建设用地的面积为30.09万亩，占比为65.91%，未利用地的面积为3.10万亩，占省级开发区土地的6.78%。三大类用地占比为4.03 ：9.72 ：1，如图2.15所示。

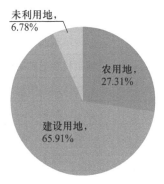

图2.15　广东省省级开发区范围内土地利用三大类结构

从一级类规模结构来看，广东省省级开发区范围内的地类以城镇村及工矿用地为主，面积为28.19万亩，占省级开发区范围内土地总面积的61.76%。林地面积次之，为4.01万亩，占比为8.78%。其他土地、水工建筑用地、湿地的面积最少，分别依次为0.41万亩、0.06万亩、0.04万亩，面积占省级开发区范围内土地总面积分别为0.90%、0.14%、0.09%，具体数据如图2.16所示、表2.20所列。

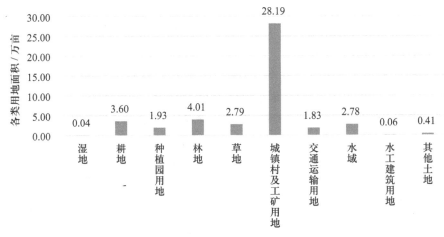

图2.16　广东省国家级开发区范围内土地利用结构

表 2.20　广东省省级开发区范围内土地利用一级类现状

土地利用类型	面积 /万亩	占比 /%
省级开发区土地	45.65	100
湿地	0.04	0.09
耕地	3.60	7.89
种植园用地	1.93	4.23
林地	4.01	8.78
草地	2.79	6.12
城镇村及工矿用地	28.19	61.76
交通运输用地	1.83	4.01
水域	2.78	6.09
水工建筑用地	0.06	0.14
其他土地	0.41	0.90

　　在广东省的 21 个地级市中，20 个地级市建立了省级开发区，分别为广州市、韶关市、珠海市、汕头市、佛山市、江门市、湛江市、茂名市、肇庆市、惠州市、梅州市、汕尾市、河源市、阳江市、清远市、东莞市、中山市、潮州市、揭阳市、云浮市。其中佛山市的省级开发区范围内土地总面积最大，为 6.95 万亩，占全省省级开发区土地面积的 15.23%。从各地级市的省级开发区范围内土地利用三大类结构来看，广州市、韶关市、珠海市、汕头市、佛山市、湛江市、茂名市、肇庆市、惠州市、梅州市、汕尾市、阳江市、清远市、东莞市、中山市、潮州市、揭阳市、云浮市均以建设用地占比为主。江门市、河源市的省级开发区范围内农用地的占比最高，如表 2.21 所列。

表 2.21　各市省级开发区范围内土地利用三大类情况

序号	行政区名称	省级开发区总面积 /万亩	农用地 /%	建设用地 /%	未利用地 /%
	广东省	45.65	27.31	65.91	6.78
1	广州市	3.38	5.10	92.70	2.19
2	韶关市	0.94	29.08	68.01	2.91
3	珠海市	0.91	10.57	84.15	5.28
4	汕头市	0.00	18.58	81.42	0.00
5	佛山市	6.95	12.06	83.16	4.79

续表

序号	行政区名称	省级开发区总面积/万亩	农用地/%	建设用地/%	未利用地/%
6	江门市	4.00	52.69	39.08	8.23
7	湛江市	3.38	20.44	75.75	3.81
8	茂名市	1.44	33.24	54.99	11.76
9	肇庆市	0.88	26.56	60.07	13.37
10	惠州市	2.55	7.89	84.86	7.25
11	梅州市	0.76	44.13	48.44	7.43
12	汕尾市	3.08	40.88	47.14	11.99
13	河源市	0.53	76.45	19.63	3.92
14	阳江市	5.06	32.25	61.89	5.86
15	清远市	0.31	22.24	69.46	8.30
16	东莞市	4.60	32.57	55.91	11.52
17	中山市	0.64	16.62	80.28	3.10
18	潮州市	1.04	14.95	80.95	4.10
19	揭阳市	4.55	38.10	55.25	6.65
20	云浮市	0.65	27.83	68.90	3.28

根据"三调"成果数据分析可知，广东省省级开发区范围内的土地利用程度指数为343.03，省级开发区土地利用率高。在20个地级市的省级开发区范围中，有10个地级市的省级开发区范围内的土地利用程度指数高于全省平均水平，分别为广州市、韶关市、珠海市、汕头市、佛山市、湛江市、惠州市、中山市、潮州市、云浮市。其中广州市的土地利用程度指数最高，为387.60，表明广州市省级开发区范围内的土地利用率最高。其次是珠海市、惠州市，省级开发区范围内的土地利用程度指数分别达到了372.36、370.92。而河源市的省级开发区范围内的土地利用程度指数最低，仅达到了247.87，省级开发区范围内的土地利用率低，如图2.17所示。

（4）产业转移园区

产业转移是指在市场化背景下，发达区域的产业基于区域的比较优势，通过跨区域直接投资、技术转移，将部分的产业转移到欠发达地区进行发展，从空间分布上实现部分产业的跨区域转移。广东省于2005年开始产业转移园建设，在粤

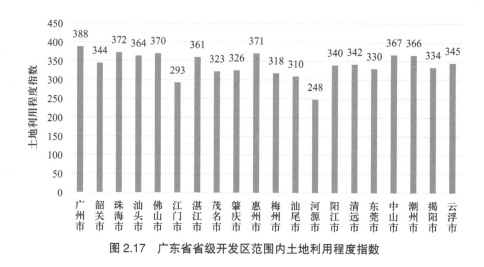

图 2.17 广东省省级开发区范围内土地利用程度指数

东西北地区及江门、肇庆、惠州市欠发达地区规划建设产业转移工业园，作为承接珠三角地区相关产业有序梯度转移的重要载体。

根据"三调"成果数据统计，广东省转移园开发区范围的土地总面积为 27.88 万亩。从三大类的结构来看，转移园开发区范围内农用地的面积为 13.86 万亩，占开发区总面积的 51.39%，建设用地的面积为 10.93 万亩，占比为 42.11%，未利用地的面积为 2.29 万亩，占转移园开发区土地的 8.20%。三大类用地占比为 6.06∶5.14∶1，具体数据如图 2.18 所示，表 2.22 所列。

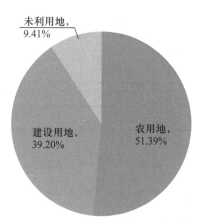

图 2.18 广东省转移园开发区范围内土地利用三大类结构

表 2.22 广东省转移园开发区范围内土地利用一级类现状

土地利用类型	面积 / 万亩	占比 /%
转移园开发区土地	27.88	100.00
湿地	0.21	0.77
耕地	2.70	9.67
种植园用地	2.11	7.55
林地	7.19	25.80
草地	1.74	6.24

续表

土地利用类型	面积 / 万亩	占比 /%
城镇村及工矿用地	10.35	37.13
交通运输用地	1.33	4.76
水域	1.78	6.39
水工建筑用地	0.06	0.22
其他土地	0.41	1.47

从一级类规模结构来看，广东省转移园开发区范围内的地类以城镇村及工矿用地为主，面积为 10.35 万亩，占转移园开发区范围内土地总面积的 37.13%。其次是林地，占地面积为 7.19 万亩，占转移园开发区总面积的 25.80%。水工建筑用地面积最少，面积为 0.06 万亩，占转移园开发区范围内土地总面积的 0.22%，如图 2.19 所示，表 2.23 所列。

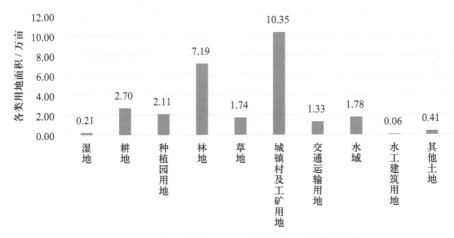

图 2.19　广东省转移园开发区范围内土地利用结构

表 2.23　各市转移园开发区范围内土地利用三大类情况

序号	行政区名称	转移园开发区总面积 / 万亩	农用地 /%	建设用地 /%	未利用地 /%
	广东省	27.88	49.69	42.11	8.20
1	韶关市	1.83	68.41	25.59	6.00
2	汕头市	2.88	27.09	57.42	15.49
3	江门市	0.02	73.35	23.31	3.34
4	湛江市	1.65	45.58	39.60	14.82

序号	行政区名称	转移园开发区总面积 / 万亩	农用地 /%	建设用地 /%	未利用地 /%
5	茂名市	1.70	60.39	35.11	4.49
6	肇庆市	0.60	60.59	32.65	6.75
7	惠州市	0.66	40.65	55.83	3.52
8	梅州市	0.15	64.58	8.59	26.82
9	汕尾市	1.62	39.98	55.45	4.57
10	河源市	4.58	32.28	57.71	10.01
11	阳江市	1.31	56.20	31.29	12.52
12	清远市	5.42	63.48	31.25	5.27
13	潮州市	2.75	58.13	35.11	6.76
14	揭阳市	1.50	66.83	27.41	5.77
15	云浮市	1.21	32.69	63.16	4.16

在广东省的 21 个地级市中，15 个地级市建立了转移园开发区，分别为韶关市、汕头市、江门市、湛江市、茂名市、肇庆市、惠州市、梅州市、汕尾市、河源市、阳江市、清远市、潮州市、揭阳市、云浮市。其中河源市的转移园开发区范围内土地总面积最大，为 4.58 万亩，占全省转移园开发区土地面积的 16.42%。从各地级市的转移园开发区范围内土地利用三大类结构来看，汕头市、惠州市、汕尾市、河源市、云浮市均以建设用地占比为主，其次是农用地，未利用地占比最少，且建设用地占比均在 50% 以上，其中云浮市的转移园开发区范围内建设用地占比最高，为 63.16%。

韶关市、江门市、湛江市、茂名市、肇庆市、阳江市、清远市、潮州市、揭阳市等地转移园开发区范围内土地利用三大类结构是以农用地占比为主，其次是建设用地，未利用地占比最少。

而梅州市的转移园开发区范围内土地利用三大类结构是以农用地占比为主，其次是未利用地，建设用地占比最少。

根据"三调"成果数据分析可知，广东省转移园开发区范围内的土地利用程度指数为 299.97，转移园开发区土地利用率较高。在 15 个地级市的转移园开发区范围中，有 5 个地级市的省级开发区范围内的土地利用程度指数高于全省平均水平，分别为汕头市、惠州市、汕尾市、河源市、云浮市。其中，云浮市的土地利用程度指数最高，为 336.55，表明云浮市转移园开发区范围内的土地利用率最高。其次是河源市、汕尾市，转移园开发区范围内的土地利用程度指数分别达到了 334.16、330.08。而梅州市的转移园开发区范围内的土地利用程度指数最低，仅达到了 221.31 万亩，转移园开发区范围内的土地利用率低，如图 2.20 所示。

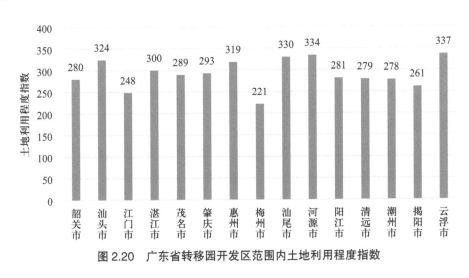

图 2.20　广东省转移园开发区范围内土地利用程度指数

2.2.2.6　建设用地小结

总结归纳全省建设用地分布现状特征可知。

（1）建设用地规模大。建设用地是城市发展的根基，全省建设用地总面积为 3 038.06 万亩，占全省土地利用总面积的 11.27%，全省人均建设用地面积为 0.26 亩。

（2）建设用地构成以城镇村及工矿用地为主体。城镇村及工矿用地占全省建设用地总面积的 87.09%，其次是交通运输用地，占全省建设用地总面积的 11.40%，水工建筑用地最少。城镇村及工矿用地内部以住宅用地为主，占比高达 41.97%。

（3）建设用地在空间分布上的地区差异明显。建设用地主要集中分布在广州、东莞、深圳、佛山等珠三角区域主要城市，4 市囊括全省三成建设用地，其他市建设用地分布较分散。建设用地开发强度高的区域也主要集中分布于珠三角地区，符合经济发展特点。

（4）建设用地开发强度较高。全省建设用地开发强度为 11.27%，其中东莞市的建设用地开发强度最高，为 53.52%，其次是深圳市，建设用地开发强度为 51.52%。

（5）各级开发区土地利用程度均处于较高水平。广东省国家级开发区范围内的土地利用程度指数为366.80，省级开发区范围内的土地利用程度指数为343.03，转移园开发区范围内的土地利用程度指数为299.97，各级开发区整体土地利用程度均处于较高水平。

2.2.3　生态用地利用现状

"生态用地"的概念讨论已久。随着可持续发展思想的普及，土地可持续利用与生态环境保护引起人们更多的关注，学术界对生态用地开始深入研究，但就生态用地的概念与分类体系尚未达成共识。综合国内学者对生态用地的定义，本文认为生态用地是以保护和发展区域生态系统可持续为目标，能直接或间接提供生态调节和生物支持等生态服务功能，且自身具有一定自我调节、修复、维持和发展能力的用地类型。

生态环境部、国家发改委发布的《生态保护红线划定指南》中指出，生态空间是指具有自然属性、以提供生态服务或生态产品为主体功能的国土空间，包括森林、草原、湿地、河流、湖泊、滩涂、岸线、海洋、荒地、荒漠、戈壁、冰川、高山冻原、无居民海岛等。生态保护红线是指在生态空间范围内具有特殊重要生态功能、必须强制性严格保护的区域，是保障和维护国家生态安全的底线和生命线，通常包括具有重要水源涵养、生物多样性维护、水土保持、防风固沙、海岸生态稳定等功能的生态功能重要区域，以及水土流失、土地沙化、石漠化、盐渍化等生态环境敏感脆弱区域。结合"三调"工作中相关用地分类标准，本文将林地、草地、湿地、水域等4类用地视为生态空间的主要地类（图2.21），并对其利用现状展开讨论。

2.2.3.1　湿地利用现状

（1）湿地规模结构

按照《第三次全国国土调查规程》，"三调"新增湿地一级地类，主要包括红树林地、森林沼泽、灌丛沼泽、沼泽草地、盐田、沿海滩涂、内陆滩涂、沼泽地8个二级土地利用类型。

根据"三调"成果数据统计，全省湿地总面积为268.40万亩，占全省土地总面积的1.00%，在土地一级分类中的比例居第9位。从湿地构成来看，全省沿海

图 2.21　生态空间主要地类

滩涂是湿地主体，面积为 223.54 万亩，占湿地总面积的 83.29%，内陆滩涂和红树林地次之，面积分别为 28.02 万亩和 15.96 万亩，分别占湿地总面积的 10.44% 和 5.94%，如图 2.22 所示。

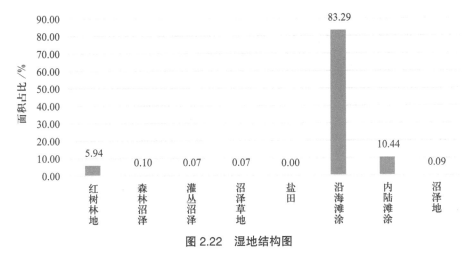

图 2.22　湿地结构图

（2）湿地空间分布

从行政区划来看，湿地主要分布在湛江市、阳江市和江门市等地区。湛江市湿地面积最大，为 127.77 万亩，湿地面积占全省湿地面积的 47.61%；江门市次之，湿地面积为 26.52 万亩，占全省湿地面积的 9.88%；中山市和东莞市湿地面积最少，分别为 0.53 万亩和 0.38 万亩，湿地面积分别占全省湿地面积的 0.19% 和

0.14%，如图 2.23 所示。

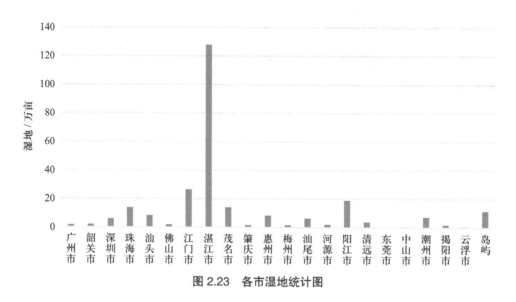

图 2.23　各市湿地统计图

从地理分布方位来看，湿地与红树林地主要集中分布在沿海经济带的西部区域。

从四大区来看，广东省的湿地大部分分布于粤西沿海区，湿地面积为 160.88 万亩，占全省湿地面积的 59.94%。珠三角平原区的湿地面积第二，为 61.16 万亩，占全省湿地面积的 22.79%。粤东沿海区的湿地面积为 24.18 万亩。粤西北山区的湿地面积最少，为 10.57 万亩，占全省湿地面积的 3.94%，如图 2.24 所示。

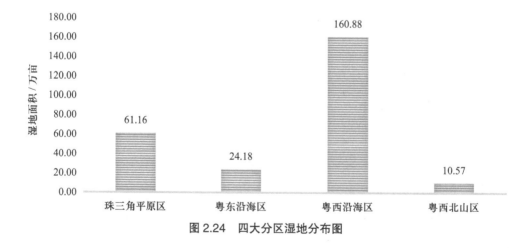

图 2.24　四大分区湿地分布图

（3）红树林地分布

广东省是全国红树林分布面积最大的省份，红树林资源十分丰富。从行政区划来看，红树林地主要分布在湛江市，面积为 9.61 万亩，占全省红树林地面积的 60.23%。其次是江门市和阳江市，红树林地面积分别为 1.63 万亩和 1.45 万亩，分别占全省红树林地面积的 10.20% 和 9.11%，如图 2.25 所示。

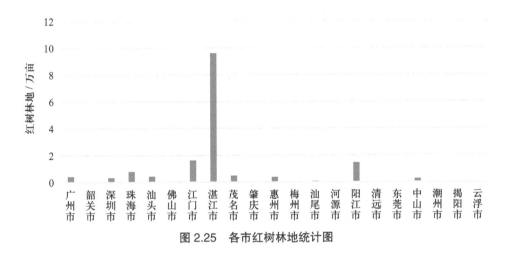

图 2.25　各市红树林地统计图

（4）"三调"公约湿地

对照《湿地公约》定义和湿地分类国标，国土"三调"工作分类中"三调"湿地和河流水面、湖泊水面、水库水面、库塘水面和沟渠（这部分地类统称"三调"水面）组成除了"滨海湿地"的浅海水域部分外的几乎所有《湿地公约》定义的湿地类型，以下将这部分湿地简称"三调"公约湿地。

根据"三调"成果数据，全广东省"三调"公约湿地面积为 2 235.81 万亩。在 21 个地级市行政区划中，湛江市的"三调"公约湿地面积最大，面积为 320.99 万亩。江门市次之，"三调"公约湿地面积为 258.80 万亩。深圳市的"三调"公约湿地面积最少，面积为 18.67 万亩，如图 2.26 所示。

（5）湿地现状特征

总结归纳全省湿地分布现状特征可知。

1）湿地资源十分丰富。广东地处北热带、南亚热带地区，气候温暖湿润，海岸线长，江河出海口众多，内陆地区分布着众多的湖泊、水库、河流、水塘，全省湿地总面积为 268.40 万亩，占全省土地利用总面积的 1.01%，在全部土地一级分类中的比例居第 9 位。

2）全省湿地以沿海滩涂为主。沿海滩涂是湿地主体，占湿地总面积的

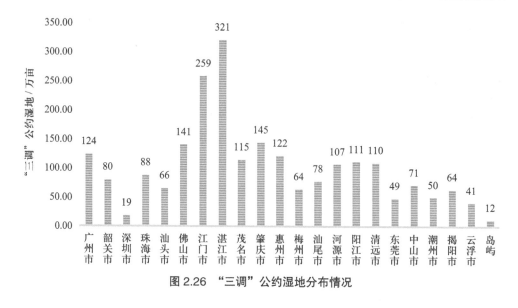

图 2.26 "三调"公约湿地分布情况

83.29%，内陆滩涂和红树林地次之，分别占湿地总面积的 10.44% 和 5.94%。

3）湿地资源及红树林地资源集中分布在粤西沿海区。全省 47.61% 的湿地资源和 60.23% 的红树林地资源均位于湛江市，其次是江门市。

2.2.3.2 林地利用现状

（1）林地规模结构

林地中包括乔木林地、竹林地、灌木林地和其他林地 4 个二级土地利用类型。

根据"三调"成果数据统计，全省林地总面积为 16 188.80 万亩，占全省土地总面积的 60.03%，在土地一级分类中的比例居第一位。

在林地的二级地类结构中，乔木林地面积为 14 607.87 万亩，竹林地为 798.89 万亩，灌木林地为 210.55 万亩，其他林地为 571.48 万亩。全省林地构成主要以乔木林地和竹林地为主体，分别占全省林地面积的 90.23% 和 4.93%，其他林地次之，占全省林地的 3.53%，灌木林地最少，仅占 1.30%，如图 2.27 所示。

（2）林地空间分布

从行政区划来看，林地主要分布在韶关市和清远市等地区。韶关市林地面积最大，为 2 184.62 万亩，林地面积占全省林地面积的 13.49%；清远市次之，

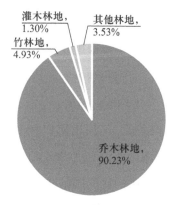

图 2.27 林地结构图

林地面积为 2 160.41 万亩，占全省林地面积的 13.35%；东莞市和中山市林地面积最少，分别为 55.89 万亩和 46.11 万亩，分别占全省林地面积的 0.35% 和 0.28%。

从林地分布密度来看，全省林地分布密度为 60.03%。河源市和韶关市林地分布密度最大，达到 79.53% 和 79.10%，东莞市林地分布密度最小，为 15.14%。全省所辖七个市的土地利用结构中林地占比均超过五分之三，分别为韶关市、肇庆市、惠州市、梅州市、河源市、清远市、云浮市。如图 2.28 所示。

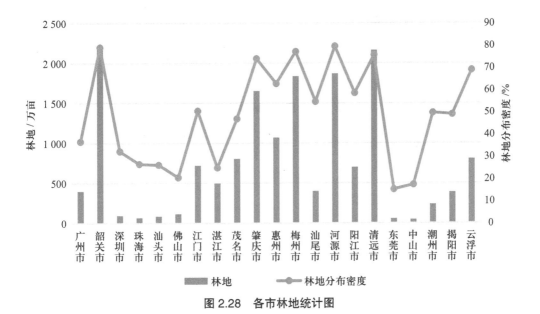

图 2.28　各市林地统计图

从四大区分布情况来看，广东省的林地主要分布于粤西北山区，林地面积为 8 852.32 万亩，占全省林地面积的 54.68%。珠三角平原区的林地面积第二，为 4 227.20 万亩，占全省林地面积的 26.11%。粤西沿海区的林地面积为 2 001.65 万亩，占全省林地面积的 12.36%。粤东沿海区的林地面积最少，为 1 107.30 万亩，占全省林地面积的 6.84%。如图 2.29 所示。

（3）林地小结

总结归纳全省林地分布现状特征可知。

1）全省林地资源十分丰富。全省林地总面积为 16 188.80 万亩，占全省土地利用总面积的 60.03%，在全部土地一级分类中的比例居第 1 位。

2）全省林地以乔木林地为主。乔木林地占全省林地面积的 90.23%。

3）林地分布范围广泛，且空间聚集特征明显。全省所辖 7 个市的土地利用结

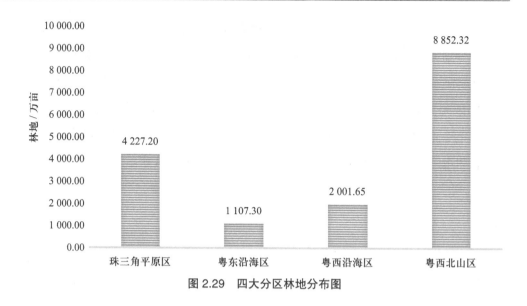

图 2.29　四大分区林地分布图

构中林地占比均超过五分之三，林地主要集中分布于粤北区域。

2.2.3.3　草地利用现状

（1）草地规模结构

草地包括天然牧草地、人工牧草地、其他草地 3 个二级土地利用类型。

根据"三调"成果数据统计，全省草地总面积为 357.65 万亩，占全省土地总面积的 1.33%。

在草地的二级地类结构中，天然牧草地的面积为 0.05 万亩，人工牧草地面积为 0.55 万亩，其他草地为 357.05 万亩。全省草地构成主要以其他草地为主体，占全省草地面积的 99.83%，人工牧草地和天然牧草地面积分布仅占全省草地面积的 0.15% 和 0.01%，如图 2.30 所示。

（2）草地空间分布

从行政区划来看，草地主要分布在湛江市、清远市等地区。湛江市草地面积最大，为 42.91 万亩，草地面积占全省草地面积的 12.00%；清远市次之，草地面积为 31.42 万亩，占全省草地面积的 8.78%；深圳市和潮州市草地面积最少，分别为 5.99 万亩和 4.85 万亩，分别占全省草地面积的 1.68% 和 1.36%。从草地分布密度来看，全省草地分布密度为 1.33%。东莞市和珠海市草地分布密度最大，达到 3.15% 和 3.19%，如图 2.31 所示。

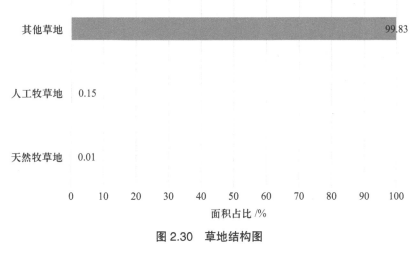

图 2.30　草地结构图

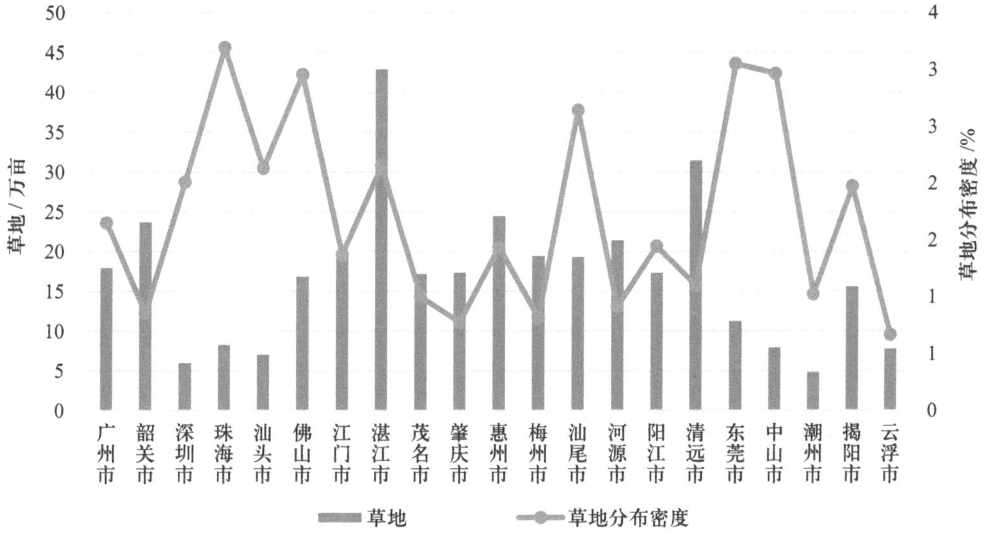

图 2.31　各市草地统计图

　　从四大区的分布情况来看，广东省的草地主要分布于珠三角平原区，草地面积为 129.70 万亩，占全省草地面积的 36.26%。粤西北山区的草地面积第二，为103.78 万亩，占全省草地面积的 29.02%。粤西沿海区的草地面积为 77.39 万亩，占全省草地面积的 21.64%。粤东沿海区的草地面积最少，为 46.78 万亩，占全省草地面积的 13.08%，如图 2.32 所示。

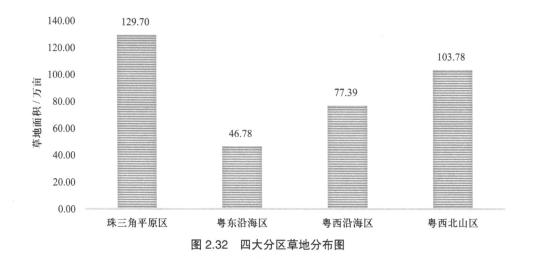

图 2.32　四大分区草地分布图

（3）草地小结

总结归纳全省草地分布现状特征可知。

1）全省草地资源较少。草地总面积为 357.65 万亩，占全省土地总面积的 1.33%。

2）全省草地以其他草地为主体。其他草地占全省草地面积的 99.83%。

3）草地分布较分散，呈现零星分布的特征。全省的草地大部分分布在粤西沿海区和粤西北山区。

2.2.3.4　水域利用现状

按照国家下发的"三调"地类分类标准，水域主要包含河流水面、湖泊水面、水库水面、坑塘水面、沟渠、冰川及永久冰雪等二级土地利用类型。

（1）水域规模结构（图 2.33）

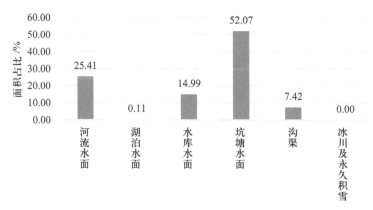

图 2.33　水域结构图

根据"三调"成果数据统计，全省水域总面积为 1 967.41 万亩，占全省土地总面积的 7.30%。

在水域的二级地类结构中，坑塘水面是水域主体，面积为 1 024.42 万亩，占全省水域面积的 52.07%。河流水面次之，面积为 499.90 万亩，占全省水域面积的 25.41%。湖泊水面最少，面积为 2.11 万亩，仅占全省水域面积的 0.11%。广东省的水域结构中无冰川及永久冰雪。

（2）水域空间分布

从行政区划来看，水域主要分布在江门市和湛江市地区。江门市水域面积最大，为 232.28 万亩，占全省水域面积的 11.81%；湛江市次之，水域面积为 193.21 万亩，占全省水域面积的 9.82%；云浮市和深圳市水域面积最少，分别占全省水域面积的 2.05% 和 0.64%，如图 2.34 所示。

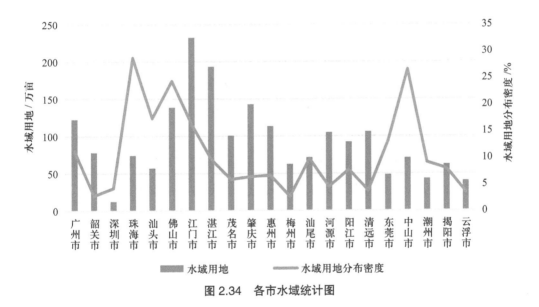

图 2.34　各市水域统计图

从四大区的分布情况来看，广东省的水域主要分布于珠三角平原区，面积为 955.49 万亩，占全省水域面积的 48.57%。粤西北山区的水域面积第二，为 391.90 万亩，占全省水域面积的 19.92%。粤西沿海区的水域面积为 386.11 万亩，占全省水域面积的 19.63%。粤东沿海区的水域面积最少，为 233.92 万亩，占全省水域面积的 11.89%，如图 2.35 所示。

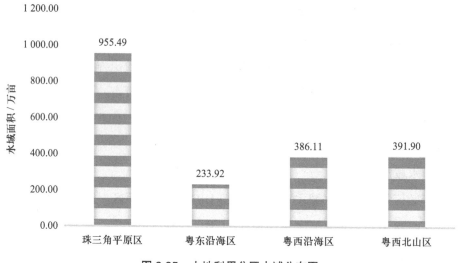

图 2.35 土地利用分区水域分布图

（3）水域小结

总结归纳全省水域分布现状特征可知。

1）全省水域总量大。水域总面积为 1 967.41 万亩，占全省土地总面积的 7.30%。

2）全省水域以坑塘水面为主体。坑塘水面占全省水域面积的 52.07%，河流水面次之，占全省水域面积的 25.41%。

3）水域分布空间聚集特征不明显，各区域的水域分布较为平均。珠海市、佛山市和中山市等珠三角部分地区水域分布密度较大，分别达到了 28.72%、24.35% 和 26.52%。

第三章　土地利用时空变化特征

20世纪90年代以来，土地利用与土地覆盖变化（Land use and land cover change，LUCC）成为国际上有关全球环境变化研究的重点问题，科学家们从不同角度、不同程度上，采用多种方法对LUCC进行了深入探讨。土地利用是自然条件下人类活动的最直接反映，随着快速城镇化发展，人类社会经济活动对土地利用变化造成的影响越发剧烈，用地矛盾突出。掌握土地利用变化情况是合理配置土地资源、缓解人地矛盾的重要环节。

分析广东省土地利用变化特征及规律，在某种程度上能够为广东省未来土地利用变化预测、生产力的合理布局以及土地资源可持续利用提供重要的参考依据。同时，对于协调好区域土地利用在经济效益、粮食安全、生态环境保护等方面的关系上，以及对于全国土地可持续发展都有着至关重要的影响。

本章节基于"三调""二调"和土地变更调查数据，按照统一地类归并标准，重点分析全市土地利用总体变化情况和各地类的规模结构、空间分布变化特征与趋势，以及土地权属的变化情况，相关研究方法包含土地利用动态度、土地利用转移矩阵、土地利用综合程度指数等。

3.1　土地利用变化总体情况

3.1.1　土地利用变化分析方法

3.1.1.1　土地利用动态度

土地利用速度可以用土地利用动态度来衡量。土地利用动态度是定量描述人类活动对土地利用类型变化的综合影响。同时土地利用动态度模型可以直观反映单位时间内研究区各土地利用类型面积变化的平均幅度和速度，对探求土地利用变化的驱动力具有重要意义。本研究主要从区域综合土地利用动态度和单一土地利用动态度两方面来分析研究区土地利用速度的变化。

（1）单一土地利用动态度

单一土地利用类型动态度表达的是某研究区一定时间范围内某类用地类型数量的变化情况，主要是以各土地利用类型的面积数量为基础，关注的是研究时段内土地利用类型面积变化的结果：

$$K_i = \frac{U_{bi} - U_{ai}}{U_{ai}} \times \frac{1}{T} \times 100 \qquad (3.1)$$

式（3.1）中：i=1, 2, 3, …, 10；K_i 为研究时段内第 i 种土地利用类型的动态度；U_{ai} 为研究初期第 i 种土地利用类型的面积；U_{bi} 为研究末期第 i 种土地利用类型的面积；T 为研究时长，当 T 的时段为年时，K_i 为研究区内第 i 种土地利用类型的年变化率。

（2）综合土地利用动态度

综合土地利用动态度用来研究区域土地利用的变化速度：

$$LC = \frac{\sum_{i=1}^{n} |u_{bi} - u_{ai}|}{2 \sum_{i=1}^{n} u_{ai}} \times \frac{1}{T} \times 100 \qquad (3.2)$$

式（3.2）中：u_{ai}、u_{bi} 分别是研究初期和研究末期某类土地利用类型的面积数量；T 为研究时长；n 为研究区域土地利用类型数。当 T 设定为年时，LC 值即为研究区域内各用地类型面积变化总的年综合变化率。

根据刘纪远等学者的研究成果，土地利用变化动态特征可划分为 4 种变化类型，分别是：土地利用急剧变化型（25—61），土地利用快速变化型（15—25），土地利用慢速变化型（5—15），土地利用极缓慢变化型（0—5）。

3.1.1.2 土地利用程度指数

土地利用程度的变化不仅可以反映土地利用的自然属性，也反映了人为因素和自然环境因素的综合作用。根据刘纪远等学者提出的土地利用程度综合分析方法，可将土地利用程度按照土地自然综合体在社会经济等因素综合影响下的自然平衡状态分为 4 级，并赋予其分级指数（表3.1），从而给出了土地利用程度综合指数的定量化表达式。

表 3.1　土地利用程度分级赋值表

土地状态	未利用土地级	草、林、水用地级	农业用地	城镇建设用地级
土地利用类型	未利用土地	草地、林地、水域	耕地	建设用地
分级指数	1	2	3	4

土地利用综合程度指数：

$$L_j = 100 \times \sum_{i=1}^{n} (A_i \times C_i) \quad\quad （3.3）$$

式（3.3）中：L_j 表示研究区域土地利用程度的综合指数；A_i 表示研究区域第 i 级土地利用程度分级指数；C_i 表示为研究区域第 i 级土地利用程度分级面积百分比；n 表示土地利用程度分级数。

某个特定范围内土地利用程度的变化主要是由各种土地利用类型综合变化影响的结果，同时土地利用程度及其变化量和变化率可以定量地揭示该范围内土地利用的综合水平和变化总的趋势。土地利用程度变化量及其土地利用程度变化率计算公式分别表示为：

$$\Delta L_{b-a} = L_b - L_a = 100 \times \left[\sum_{i=1}^{n} (A_i \times C_{ib}) - \sum_{i=1}^{n} (A_i \times C_{ia}) \right] \quad\quad （3.4）$$

$$R = \frac{\sum_{i=1}^{n} (A_i \times C_{ib}) - \sum_{i=1}^{n} (A_i \times C_{ia})}{\sum_{i=1}^{n} (A_i \times C_{ia})} \quad\quad （3.5）$$

式（3.4）中，ΔL_{b-a} 为研究区土地利用程度变化量；R 为研究区土地利用程度变化率；L_b，L_a 分别表示 b 研究时间和 a 研究时间的区域土地利用综合程度指数；A_i 为研究区第 i 级土地利用程度分级指数；C_{ib}，C_{ia} 为某区域 b 研究时间和 a 研究时间在第 i 级土地利用程度的面积百分比。依据上述公式计算结果，若 $\Delta L_{b-a} > 0$ 或 $R > 0$，则表示该研究区域土地利用处于发展或上升时期，反之则处于调整期或衰退期。

3.1.1.3　土地利用转移矩阵

土地利用转移矩阵，就是根据同一地区不同时相土地覆盖现状的转化关系求得的一个二维矩阵。通过对得到的转移矩阵进行分析，我们能够得到两个时相，进而得到不同的地类之间相互转化的情况，它描述了土地利用类型在不同年份发生变化的地类，以及发生变化的位置和变化的面积。土地利用转移矩阵不仅能反映上述静态的固定区域固定时间的各个地类面积数据，还能反映更加丰富的初期各个地类的面积转出以及末期各个地类面积的转入情况。

式（3.6）中，P_{ij} 为研究区土地类型 i 转变为土地类型 j 的转移概率，P 是描述研究区域各地类相互转换的可能性。根据研究区不同时期的土地利用类型的矢量图，利用 ArcGIS 软件的空间叠加分析功能，计算出研究期内广东省土地利用转移矩阵，从转移矩阵的变化中可以确定各用地类型之间相互转变的状况和数量。

$$\left\{ \begin{matrix} P_{11} & \cdots & P_{1j} \\ \vdots & \ddots & \vdots \\ P_{i1} & \cdots & P_{ij} \end{matrix} \right\} \tag{3.6}$$

3.1.2 与"二调"土地利用差异的分析

3.1.2.1 土地利用变化规模结构

土地利用数量的变化主要是由各个用地类型面积的变化量和变化幅度来衡量。土地利用类型面积数量的变化是土地利用变化的一项重要内容，基于各类用地类型总量变化的分析，可以了解研究区土地利用变化的总趋势和土地利用结构的变化过程。

从三大类看，"三调"较"二调"在农用地和未利用地上均出现一定的减少，其中"三调"农用地减少了 92.96 万亩，变化幅度为 0.41%，未利用地减少了 439.49 万亩，变化幅度高达 27.90%。相较之下建设用地则出现了较大幅度增加，面积增多了 561.99 万亩，增幅高达 22.70%，具体数据如表 3.2、图 3.1 所示。

表 3.2　土地利用变化总体情况按三大类统计表

三大类　　面积	农用地	建设用地	未利用地
"二调" / 万亩	22 885.17	2 476.07	1 575.38
"三调" / 万亩	22 792.21	3 038.06	1 135.89
变化量 / 万亩	−92.96	561.99	−439.49
变化幅度 /%	−0.41	22.70	−27.90

注：为统一地类标准，"二调"水库水面面积归并至农用地。

上述结果表明，全省在近十年对未利用地进行了大量开发建设，同时对农用地也进行了一定的转化，使得建设用地得到较大的增长。

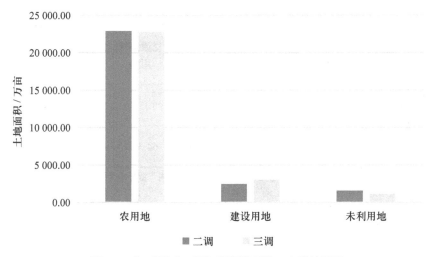

图 3.1 "二调""三调"面积情况按三大类统计图

从一级地类来看，包括林地、城镇村及工矿用地、交通运输用地均出现了一定程度的增加，而耕地、园地、草地、水域、水工建筑用地、其他土地则出现了不同水平的减少。

具体来看，"三调"耕地面积较"二调"减少了945.46万亩，降幅高达24.89%；园地较"二调"减少了54.56万亩，小幅减少了2.67%；林地增加了1 007.23万亩，增幅达到6.63%；草地大幅减少181.47万亩，减幅高达33.65%；城镇村及工矿用地大幅增加了430.52万亩，增加幅度为19.43%；交通运输用地增加了135.54万亩，增幅达到64.32%；水域减少58.08万亩，降幅为2.55%；水工建筑用地减少了4.07万亩，减少幅度为8.14%；其他土地出现较大变化，由"二调"的606.19万亩减少至"三调"的306.07万亩，共计减少300.12万亩，降幅高达49.51%，具体数据如表3.3、图3.2所示。

表 3.3 土地利用变化总体情况按一级类统计表

地类 面积	耕地	种植园地	林地	草地	城镇村及工矿用地	交通运输用地	水域	水工建筑用地	其他土地
"二调"/ 万亩	3 798.33	2 041.69	15 198.00	539.30	2 215.22	210.73	2 277.05	50.12	606.19
"三调"/ 万亩	2 852.87	1 987.13	16 205.22	357.83	2 645.74	346.27	2 218.97	46.04	306.07

续表

地类 面积	耕地	种植园地	林地	草地	城镇村及工矿用地	交通运输用地	水域	水工建筑用地	其他土地
变化量/万亩	−945.46	−54.56	1 007.23	−181.47	430.52	135.54	−58.08	−4.07	−300.12
变化幅度/%	−24.89%	−2.67%	6.63%	−33.65%	19.43%	64.32%	−2.55%	−8.14%	−49.51%

注：为统一统计口径，对"三调"地类做出如下调整："三调"湿地分别对应到"二调"林地、草地、水域及水利设施用地、其他土地；对"二调"地类做出如下调整："二调"交通运输用地中农村道路调整至其他土地，水域及水利设施用地中水工建筑用地单独组成一级类。

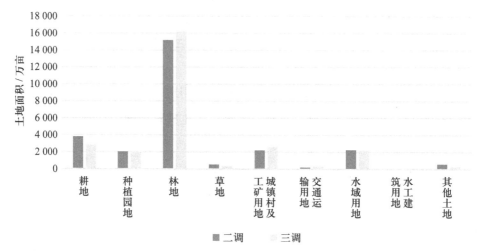

图 3.2 "二调""三调"面积情况按一级类统计图

从结构来看，"二调"三大类土地利用结构为 14.53 ∶ 1.57 ∶ 1，"三调"三大类土地利用结构为 20.07 ∶ 2.67 ∶ 1，其中"三调"农用地占比下降了 0.44%，建设用地占比提高了 2.07%，未利用地占比减少了 1.64%，如表 3.4 所列。

表 3.4 土地利用结构变化总体情况按三大类统计表

%

三大类 占比	农用地	建设用地	未利用地
"二调"占比	84.96	9.19	5.85
"三调"占比	84.52	11.27	4.21
占比变化	−0.44	2.07	−1.64

一级类结构变化中，耕地、林地、城镇村及工矿用地变化幅度较为突出，其中耕地占比减少了3.52%，林地占比增加了3.67%，城镇村及工矿用地占比增长了1.59%。此外，园地占比下降0.21%，草地占比下降0.68%，交通运输用地占比提高了0.31%，水域占比下降0.22%，水工建筑用地占比下降0.02%，其他土地占比下降了1.12%，如表3.5所列。

表3.5　土地利用结构变化总体情况按一级类统计表

%

占比 \ 地类	耕地	种植园地	林地	草地	城镇村及工矿用地	交通运输用地	水域	水工建筑用地	其他土地
"二调"占比	14.10	7.58	56.42	2.00	8.22	0.78	8.45	0.19	2.25
"三调"占比	10.58	7.37	60.09	1.33	9.81	1.28	8.23	0.17	1.14
占比变化	−3.52	−0.21	3.67	−0.68	1.59	0.50	−0.22	−0.02	−1.12

3.1.2.2　土地利用变化空间分布

按三大类统计，全省农用地面积增加最多的地级市为清远市，增加了109.36万亩，农用地面积减少最多的地级市为广州市，减少了55.62万亩，此外农用地增幅最大的地级市为珠海市，高达4.76%，降幅最大的地级市为东莞市，降幅为27.84%，如表3.6所列。

表3.6　各市土地利用变化情况按三大类统计表

行政区	农用地		建设用地		未利用地	
	变化面积/万亩	变化幅度/%	变化面积/万亩	变化幅度/%	变化面积/万亩	变化幅度/%
广东省	−92.97	−0.41	561.99	22.70	−439.50	−27.90
广州市	−55.62	−7.01	51.94	22.54	2.46	3.91
韶关市	7.22	0.28	24.41	24.10	−31.61	−35.29
深圳市	−13.73	−9.49	24.66	19.14	−11.71	−46.51
珠海市	7.02	4.76	1.79	2.83	−6.74	−14.69
汕头市	−1.22	−0.59	11.68	14.01	−6.83	−18.22
佛山市	−31.37	−9.84	35.20	18.35	−3.83	−6.48
江门市	−7.34	−0.62	29.29	22.61	−17.26	−16.93
湛江市	−11.32	−0.72	10.00	4.35	1.84	0.98

行政区	农用地		建设用地		未利用地	
	变化面积/万亩	变化幅度/%	变化面积/万亩	变化幅度/%	变化面积/万亩	变化幅度/%
茂名市	−26.06	−1.74	34.37	20.70	−4.52	−8.59
肇庆市	−3.65	−0.18	31.38	27.44	−27.69	−31.43
惠州市	−25.19	−1.70	67.06	58.31	−40.77	−39.69
梅州市	7.59	0.35	35.63	28.43	−43.21	−46.78
汕尾市	−2.75	−0.44	11.48	23.15	−8.25	−16.81
河源市	8.21	0.38	39.55	53.31	−47.76	−48.25
阳江市	6.05	0.58	15.17	19.13	−19.49	−25.77
清远市	109.36	4.36	27.74	21.25	−137.11	−63.63
东莞市	−27.84	−16.84	43.97	28.64	−16.08	−32.06
中山市	−10.26	−7.15	10.72	11.76	−0.85	−2.59
潮州市	−10.54	−2.66	14.50	29.07	−1.86	−7.39
揭阳市	−4.26	−0.66	24.85	26.21	−20.48	−38.98
云浮市	−7.59	−0.71	16.59	22.47	−9.00	−30.63
岛屿	0.33	/	0.00	/	11.26	2 899.48

全省建设用地面积增加最多的地级市为惠州市，增加了 67.06 万亩，建设用地面积增加最少的地级市为珠海市，仅增加了 1.79 万亩，此外建设用地增幅最大的地级市为惠州市，高达 58.31%，增幅最小的地级市为珠海市，为 2.83%；

全省未利用地面积增加最多的地级市为广州市，增加了 2.46 万亩，未利用地面积减少最多的地级市为清远市，减少了 137.11 万亩，此外未利用地增幅最大的广州市增幅高达 3.91%，降幅最大的地级市为清远市，降幅高达 63.63%。

从一级类来看，全省各市耕地面积均出现不同程度的减少，其中减少最多的为清远市，减少面积高达 128.07 万亩，从变化幅度来看，降幅最大的地级市为珠海市，减少了 63.80%；全省园地面积有增有减，其中增加面积最多的地级市为梅州市，增加了 43.75 万亩，减少最多的地级市为湛江市，减少了 36.44 万亩，变化幅度上，全省园地增加幅度最大的地级市为韶关市，增长了 93.28%，深圳市园地减少幅度最大，为 52.03%；全省各市林地面积均出现不同程度增加，其中增加幅度最大的地级市是清远市，林地面积增加了 219.99 万亩，增加面积最少的是中山市，仅增加了 1.00 万亩，变化幅度上，揭阳市林地增加幅度最大，增加了 20.85%，中山市增加幅度最小，仅增加了 2.20%；全省草地面积增加最多的地级市为湛江市，共增加 25.19 万亩，减少最多的地级市为清远市，共减少 114.11 万亩，其中增加幅度最大的地级市为珠海市，增幅高达 176.96%，减少幅度最大为清远市，减少 78.41%；全省城镇村及工矿用地面积增加最多的地级市为惠州市，增加面积为 53.50 万亩，仅有珠海市一个地级市面积出现减少，共减少 0.05 万亩，此外增幅最大的地级市也为惠州市，增长 53.06%，仅有珠海市出现减少，减少幅度为 0.09%；全省交通运输用地面积增加最多的地级市为惠州市，共增加 13.79 万亩，深圳市增加最少，共增加 1.28 万亩，而增长幅度上变化最大的是河源市，共上涨 162.68%，深圳市增幅最小，仅增加 10.62%；全省水域面积增长最大的地级市为茂名市，共增加了 9.93 万亩，减少面积最大的地级市为佛山市，共减少 24.97 万亩，其中增幅最大的地级市同为茂名市，共计增长 9.51%，降幅最大的地级市为深圳市，共减少 21.02%；全省水工建筑用地增长最多的地级市为韶关市，共计增长 0.97 万亩，减少最多的地级市为阳江市，共减少 1.08 万亩，变化幅度方面韶关市足足增长 93.73%，而阳江市则减少 49.48%；全省其他土地均出现不同程度的减少，其中减少最多的地级市为惠州市，共减少 38.70 万亩，减少最少的地级市为中山市，仅减少 0.46 万亩，此外，全省其他土地中，减少幅度最大的地级市为深圳市，幅度高达 85.54%，减少幅度最小的地级市为湛江市，仅减少 4.78%，如表3.7、表 3.8 所列。

表 3.7　各市土地利用变化面积按一级类统计表

万亩

行政区	耕地变化量	园地变化量	林地变化量	草地变化量	城镇村及工矿用地变化量	交通运输用地变化量	水域变化量	水工建筑用地变化量	其他土地变化量
广东省	−945.46	−54.56	1 007.23	−181.47	430.52	135.54	−58.08	−4.07	−300.12
广州市	−52.71	1.76	13.93	10.59	46.58	5.71	−19.32	−0.34	−7.41
韶关市	−82.01	39.49	65.69	−16.24	14.36	9.07	−1.74	0.97	−29.57
深圳市	−0.47	−18.46	8.96	1.07	24.08	1.28	−4.57	−0.70	−11.98
珠海市	−17.34	5.34	11.79	5.30	−0.05	1.74	2.70	0.09	−7.52
汕头市	−14.10	1.13	8.04	−1.60	9.41	2.01	1.50	0.26	−3.01

续表

行政区	耕地变化量	园地变化量	林地变化量	草地变化量	城镇村及工矿用地变化量	交通运输用地变化量	水域变化量	水工建筑用地变化量	其他土地变化量
佛山市	−25.10	9.56	5.87	5.84	31.62	3.79	−24.97	−0.21	−6.38
江门市	−63.00	22.55	24.96	4.16	24.98	4.77	1.56	−0.45	−14.85
湛江市	−43.09	−36.44	48.41	25.19	2.82	7.81	−1.50	−0.63	−2.04
茂名市	−87.74	−23.61	87.84	4.30	24.28	10.27	9.93	−0.18	−21.29
肇庆市	−53.29	−24.13	77.57	−13.88	21.74	9.95	−2.54	−0.32	−15.07
惠州市	−74.21	7.52	50.61	−1.69	53.50	13.79	−9.48	−0.23	−38.70
梅州市	−77.29	43.75	55.48	−33.60	22.73	12.73	−2.80	0.17	−21.17
汕尾市	−25.26	−9.39	27.06	−2.37	7.88	3.91	5.65	−0.31	−6.69
河源市	−49.40	−1.74	73.03	−25.00	25.46	13.65	1.04	0.44	−37.48
阳江市	−42.92	−32.18	77.90	−3.17	11.40	4.85	−0.83	−1.08	−12.24
清远市	−128.07	28.90	219.99	−114.11	16.50	11.23	−4.03	0.01	−30.43
东莞市	−5.01	−13.79	4.13	−10.46	38.29	5.50	−7.39	0.18	−11.39
中山市	−7.90	−3.75	1.00	3.80	9.66	1.33	−3.80	−0.28	−0.46
潮州市	−22.11	−0.39	15.16	−0.64	12.26	2.83	−0.99	−0.59	−3.44
揭阳市	−33.45	−32.79	66.65	−14.66	21.04	4.78	−3.37	−0.97	−7.13
云浮市	−40.99	−17.87	62.83	−4.27	11.98	4.53	−4.73	0.08	−11.54
岛屿	0.00	0.00	0.33	0.00	0.00	0.00	11.61	0.00	−0.35

表 3.8　各市土地利用变化幅度按一级类统计表

%

行政区	耕地变化幅度	园地变化幅度	林地变化幅度	草地变化幅度	城镇村及工矿用地变化幅度	交通运输用地变化幅度	水域变化幅度	水工建筑用地变化幅度	其他土地变化幅度
广东省	−24.89	−2.67	6.63	−33.65	19.43	64.32	−2.55	−8.14	−49.51
广州市	−40.48	1.06	3.61	143.96	23.71	19.62	−13.50	−7.02	−30.77
韶关市	−25.34	93.28	3.10	−40.65	16.54	67.61	−2.12	93.73	−55.08
深圳市	−9.97	−52.03	10.20	21.68	21.02	10.62	−19.97	−31.84	−85.54
珠海市	−63.80	57.16	20.28	176.96	−0.09	29.44	3.20	8.98	−65.30
汕头市	−24.72	4.13	10.16	−18.55	12.29	38.68	2.35	15.95	−39.42
佛山市	−44.16	54.18	5.28	53.06	18.54	25.42	−15.07	−3.29	−41.29

续表

行政区	耕地变化幅度	园地变化幅度	林地变化幅度	草地变化幅度	城镇村及工矿用地变化幅度	交通运输用地变化幅度	水域变化幅度	水工建筑用地变化幅度	其他土地变化幅度
江门市	−27.45	37.01	3.57	26.87	22.00	38.26	0.61	−12.48	−41.03
湛江市	−6.50	−13.69	10.59	141.86	1.33	55.30	−0.48	−19.45	−4.78
茂名市	−26.01	−7.14	12.22	33.28	15.51	125.56	9.51	−14.21	−48.69
肇庆市	−25.00	−20.36	4.92	−44.45	21.54	100.90	−1.73	−9.09	−44.88
惠州市	−35.13	5.31	4.97	−6.47	53.06	123.38	−7.26	−7.71	−66.73
梅州市	−32.34	58.74	3.12	−63.35	20.36	109.06	−4.17	8.35	−52.24
汕尾市	−18.15	−15.40	7.27	−10.94	17.97	92.89	7.83	−19.96	−49.50
河源市	−23.83	−2.78	4.07	−53.80	39.12	162.68	0.98	62.11	−65.67
阳江市	−21.09	−24.81	12.50	−15.48	16.16	74.09	−0.75	−49.48	−45.97
清远市	−32.71	38.21	11.34	−78.41	14.49	87.01	−3.54	0.34	−52.50
东莞市	−26.53	−26.44	7.96	−48.16	26.80	60.52	−13.19	11.57	−76.54
中山市	−41.63	−12.69	2.20	91.88	11.30	30.84	−5.07	−21.85	−13.19
潮州市	−44.51	−0.44	6.89	−11.58	27.36	81.58	−1.92	−36.60	−41.45
揭阳市	−26.80	−24.02	20.85	−48.46	24.86	66.99	−4.99	−32.20	−43.78
云浮市	−26.96	−15.40	8.47	−35.44	17.98	69.15	−10.36	12.85	−43.29
岛屿	/	/	/	/	/	/	/	/	−89.41

3.1.2.3　土地利用变化速度

计算各地类单一土地利用变化动态度和综合土地利用变化动态度可知，全省各类用地的利用情况均发生了明显变化。"二调"至"三调"11年间，全省交通运输用地变化动态度最高，以每年6.43%的速度在减少，说明全省交通基础设施建设速度快、面积广，土地利用变化较为剧烈，而耕地、草地分别以每年2.49%和每年3.37%的速度在减少，给粮食安全和生态安全造成了威胁。按行政区来看，珠海、潮州、佛山、中山、广州、惠州、清远、梅州等市的耕地面积每年均以超过3%的速度锐减，应当敲响耕地保护的警钟；韶关、梅州、珠海、佛山等市园地面积保持较快增长速度，主要与当地农业结构调整有关；珠海市在林地、草地保护上取得较好成绩，其林地面积与草地面积分别以每年2.03%和17.70%的速度不断增长；惠州和河源等市在城镇村及工矿用地开发利用上速度较快，分别以每年

5.31%和3.91%的速度增长；河源、茂名、惠州、梅州、肇庆等市交通运输设施投入较大，用地增长速度超过每年10%；深圳、佛山、广州、东莞、云浮等市水域面积减少较快，每年减少速度均高于1%；阳江、潮州、揭阳、深圳等市水工建筑用地减少较快，每年减少速度均在3%以上；深圳市以每年8.55%的速度对其他土地进行开发利用，其速度是全省之最，如表3.9所示。

表3.9 "二调"至"三调"土地利用变化动态度

行政区	耕地变化动态度	园地变化动态度	林地变化动态度	草地变化动态度	城镇村及工矿用地变化动态度	交通运输用地变化动态度	水域变化动态度	水工建筑用地变化动态度	其他土地变化动态度	综合土地利用动态度
广东省	−2.49	−0.27	0.66	−3.37	1.94	6.43	−0.26	−0.81	−4.95	0.56
广州市	−4.05	0.11	0.36	14.40	2.37	1.96	−1.35	−0.70	−3.08	0.70
韶关市	−2.53	9.33	0.31	−4.07	1.65	6.76	−0.21	9.37	−5.51	0.45
深圳市	−1.00	−5.20	1.02	2.17	2.10	1.06	−2.00	−3.18	−8.55	1.20
珠海市	−6.38	5.72	2.03	17.70	−0.01	2.94	0.32	0.90	−6.53	1.03
汕头市	−2.47	0.41	1.02	−1.86	1.23	3.87	0.24	1.60	−3.94	0.60
佛山市	−4.42	5.42	0.53	5.31	1.85	2.54	−1.51	−0.33	−4.13	0.99
江门市	−2.75	3.70	0.36	2.69	2.20	3.83	0.06	−1.25	−4.10	0.54
湛江市	−0.65	−1.37	1.06	14.19	0.13	5.53	−0.05	−1.95	−0.48	0.43
茂名市	−2.60	−0.71	1.22	3.33	1.55	12.56	0.95	−1.42	−4.87	0.76
肇庆市	−2.50	−2.04	0.49	−4.45	2.15	10.09	−0.17	−0.91	−4.49	0.48
惠州市	−3.51	0.53	0.50	−0.65	5.31	12.34	−0.73	−0.77	−6.67	0.70
梅州市	−3.23	5.87	0.31	−6.34	2.04	10.91	−0.42	0.84	−5.22	0.55
汕尾市	−1.82	−1.54	0.73	−1.09	1.80	9.29	0.78	−2.00	−4.95	0.59
河源市	−2.38	−0.28	0.41	−5.38	3.91	16.27	0.10	6.21	−6.57	0.47
阳江市	−2.11	−2.48	1.25	−1.55	1.62	7.41	−0.08	−4.95	−4.60	0.76
清远市	−3.27	3.82	1.13	−7.84	1.45	8.70	−0.35	0.03	−5.25	0.95
东莞市	−2.65	−2.64	0.80	−4.82	2.68	6.05	−1.32	1.16	−7.65	1.19
中山市	−4.16	−1.27	0.22	9.19	1.13	3.08	−0.51	−2.19	−1.32	0.64
潮州市	−4.45	−0.04	0.69	−1.16	2.74	8.16	−0.19	−3.66	−4.15	0.60
揭阳市	−2.68	−2.40	2.09	−4.85	2.49	6.70	−0.50	−3.22	−4.38	1.14
云浮市	−2.70	−1.54	0.85	−3.54	1.80	6.92	−1.04	1.29	−4.33	0.65
岛屿	/	/	/	/	/	/	/	/	−8.94	158.23

依据刘纪远等学者的划分方法，全省及各地级市综合土地利用动态度均处于"土地利用极缓慢变化型"这一范围，近十年来广东省土地利用变化总体稳定，其中深圳、东莞、揭阳、珠海等市变化相对剧烈一些，湛江、韶关等市的土地利用变化则最为缓慢。

3.1.2.4　土地利用程度变化

计算全省及各地级市的土地利用程度综合指数可知，全省"三调"时期土地利用程度指数相较"二调"时期增加0.99，说明全省土地开发利用水平在不断提升，城镇建设水平不断深化，如表3.10所列。

表3.10　土地利用程度综合指数

时间	"二调"土地利用程度指数	"三调"土地利用程度指数	土地利用程度指数变化情况
广东省	239.63	240.62	0.99
广州市	270.31	275.06	4.75
韶关市	219.96	220.61	0.65
深圳市	294.71	309.84	15.13
珠海市	259.00	258.64	−0.36
汕头市	276.59	278.92	2.33
佛山市	277.75	288.38	10.63
江门市	237.81	239.52	1.71
湛江市	271.41	268.66	−2.75
茂名市	258.75	256.50	−2.24
肇庆市	224.47	224.15	−0.32
惠州市	233.22	238.32	5.10
梅州市	223.41	225.45	2.03
汕尾市	240.59	239.54	−1.04
河源市	216.82	219.13	2.31
阳江市	240.87	237.58	−3.29
清远市	224.92	223.81	−1.11
东莞市	302.86	321.23	18.37
中山市	284.97	290.54	5.58
潮州市	249.90	251.40	1.51
揭阳市	257.14	255.38	−1.75
云浮市	235.31	233.28	−2.03
岛屿	100.00	199.66	99.66

从行政区来看，不论是"二调"时期土地利用程度、"三调"时期土地利用程度以及十年来土地利用程度的变化情况，东莞市均处于全省最高水平，其土地利用程度指数由302.86增长为321.23，土地开发利用水平高。紧随其后的深圳市土地利用程度指数也增长了15.13，"三调"时期土地利用程度指数高达309.84；河源市和韶关市是全省土地利用程度最低的两个地级市，其中河源市不论是"二调"时期还是"三调"时期，土地利用程度指数均低于220。从变化情况来看，十年来土地利用程度指数增加的城市包含东莞、深圳、佛山、中山、惠州、广州、汕头、河源、梅州、江门、潮州、韶关等12市，而在土地利用程度指数下降的城市中，阳江市下降3.29，湛江市下降2.75，茂名市下降2.24，上述城市在生态保护的工作上投入了更多力量，发挥着广东省生态空间兜底作用。

3.1.2.5 土地利用流向变化分析

根据"二调"成果数据和"三调"成果数据的叠加分析结果，得到"二调"至"三调"的土地利用变化转移矩阵，如表3.11所示。

表3.11 "二调"至"三调"土地利用变化转移矩阵

万亩

"二调"	"三调"									
	湿地	耕地	园地	林地	草地	城镇村及工矿用地	交通运输用地	水域	水工建筑用地	其他土地
湿地	196.54	3.62	2.40	11.90	8.11	4.58	2.96	70.77	1.92	2.07
耕地	1.41	2 372.97	445.63	596.08	3.40	126.94	30.03	163.40	2.22	56.28
园地	0.59	165.64	997.71	638.18	59.66	81.52	18.97	45.06	1.16	33.20
林地	7.29	114.60	392.62	14 245.63	101.40	129.41	54.60	88.44	2.63	61.29
草地	0.83	31.29	39.23	321.82	64.75	50.42	6.60	16.75	0.87	6.73
城镇村及工矿用地	2.52	13.68	13.35	73.81	33.72	2 019.09	28.96	22.27	2.23	5.39
交通运输用地	0.17	4.29	4.02	16.51	3.17	48.69	128.68	3.31	0.41	1.40
水域	23.35	75.78	46.37	95.84	51.83	88.99	21.53	7.64	1 521.00	26.01
水工建筑用地	1.49	1.39	1.76	5.69	2.10	3.01	2.12	6.01	25.21	1.32
其他土地	1.52	69.60	44.03	182.89	28.41	90.60	50.20	24.70	1.20	111.17

根据"二调"至"三调"土地利用变化转移矩阵分析可知，"二调"至"三调"期间，湿地面积增加量少于减少量，减少的用地主要转化为了水域，其次是林地，而湿地的流入来源同样以水域和林地为主。

耕地的增加量远小于耕地的减少量，其总量呈现减少的趋势，耕地的减少量主要是转化为林地，其次是园地。相应地，这期间耕地的流入来源主要是园地，其次是林地。这表明，"二调"至"三调"期间，耕地的动态变化主要是在耕地与园地、林地之间的转移。

园地的增加量略小于减少量，园地的总量小幅减少，其流出转化用地类型主要是林地，其次是耕地。相应地，园地的增加量来源主要是耕地，其次是林地。这表明，"二调"至"三调"期间，园地的双向转移主要表现在园地与林地、园地与耕地之间。

林地的增加量远远大于林地的减少量，林地总量增加，林地的流出量主要转化为园地，其次是城镇村及工矿用地。相应地，林地的流入来源主要是园地、耕地、草地和其他土地。这表明"二调"至"三调"期间，林地资源一方面被农业发展和城市建设所消耗，另一方面又从退耕还林、生态用地转化、其他土地转化等方面得到了较多补充。

草地的增加量小于减少量，总量减少。草地的流出方向以林地为主，流入量最多的地类也是林地，这表明，"二调"至"三调"期间，草地的双向转移主要表现在草地与林地之间。

城镇村及工矿用地的增加量大于减少量，增加的城镇村及工矿用地主要来源于对林地的开发利用以及对草地的占用，减少的建设用地主要转换成了林地与耕地。这表明，"二调"至"三调"期间，建设用地的转移变化主要发生在城镇村及工矿用地与耕地、林地、草地之间。

交通运输用地总量增加。"二调"至"三调"期间，交通运输用地的减少主要流向了城镇村及工矿用地，而交通运输用地的增加则主要源自林地、其他土地的开发利用。

"二调"至"三调"期间，水域面积总量变化不大，略有增加。减少的水域面积主要流向了林地、城镇村及工矿用地、耕地等地类，而增加的水域面积则主要来自耕地和林地。水工建筑面积增加量略少于减少量，其中水工建筑用地主要流出方向为水域和林地，流入方向主要为水域，说明其面积变化主要来自与水域的互相转化。

其他土地面积减少量远大于增加量，总面积减少。其他土地主要流出方向为林地、城镇村及工矿用地、耕地等用地类型，而流入方向以林地、耕地为主。

3.1.2.6 土地利用变化总体特征

综上所述，全省土地利用变化呈现以下特点。

（1）土地利用变化总体稳定，各地类变化水平差异明显

"二调"以来，全省土地利用综合动态度仅为0.44，处于"土地利用极缓慢变化型"范围，表明全省近十年土地利用变化总体稳定。另外，各地类结构变化有着明显差异，其中耕地占比减少3.52%，林地占比增加3.67%，变化较大，城镇村及工矿用地占比增加1.59%，其他土地占比变化1.12%。此外园地、水域、水工建筑用地、交通运输用地、草地、其他土地的结构变化均不足1%。

（2）耕地保护形势较为严峻，变化幅度地域差异明显

"二调"以来，全省耕地面积减少945.46万亩，减少幅度高达24.89%，耕地资源正以每年2.49%的速度不断减少，耕地保护形势较为严峻。从地域来看，各地市耕地面积均呈现不同水平下降，其中珠海市减少了63.80%的耕地面积，中山、潮州、佛山、广州等市耕地面积减少幅度均在40%以上，需要敲响耕地保护的警钟。

（3）其他土地得到较大利用，同时兼顾了生态保护

"二调"以来其他土地减少了300.12万亩，变化幅度高达49.51%，不仅带来了林地61.29万亩的增长，同时也带来了耕地56.28万亩的增长。此外，一级类中林地增长1 007.23万亩，是各一级类中面积变化最大的地类，为林地增加了6.63%的面积，生态文明建设卓有成效。

3.2 重点地类时空变化特征

3.2.1 耕地变化

3.2.1.1 耕地规模结构变化

总体上看，全省耕地规模由"二调"时期的3 798.33万亩减少至"三调"时

期的 2 852.87 万亩，共计减少 945.46 万亩，减少幅度高达 24.89%。从二级类来看，水田面积和旱地面积均减少较多，前者减少 457.90 万亩，后者减少 563.23 万亩，水田减少 18.18%，而旱地则足足减少了 50.79%。相比之下，水浇地面积得到一定程度的增加，增加面积为 75.67 万亩，共计增长 44.44%，如表 3.12 所示。

表 3.12 耕地规模变化统计表

面积 ＼ 地类	水田	水浇地	旱地	合计
"二调" / 万亩	2 519.15	170.27	1 108.91	3 798.33
"三调" / 万亩	2 061.25	245.94	545.68	2 852.87
变化量 / 万亩	−457.90	75.67	−563.23	−945.46
变化幅度 /%	−18.18	44.44	−50.79	−24.89

结构上，"二调"数据结果显示全省耕地结构比例为 14.80 : 1 : 6.51，"三调"数据结果显示耕地结构比例为 8.38 : 1 : 2.22，全省耕地面积总体下降 3.51 个百分点，由"二调"时期的 14.09% 下降为"三调"时期的 10.58%。其中，水田在耕地中的面积占比由 66.32% 增长至 72.25%，增幅为 5.93%；水浇地增幅为 4.14%，已增长到"三调"耕地面积的 8.62%；旱地占全省耕地面积比例由"二调"时期的 29.19% 下降为 19.13%，降幅高达 10.06%，如表 3.13 所示。

表 3.13 耕地规模结构变化统计表

%

占比情况 ＼ 地类	水田	水浇地	旱地	合计
"二调"占比	66.32	4.48	29.19	14.09
"三调"占比	72.25	8.62	19.13	10.58
比例变化量	5.93	4.14	−10.06	−3.51

3.2.1.2 耕地空间分布变化

（1）行政区划

总体来看，全省耕地资源锐减，各地市耕地面积均出现不同程度减少，其中清远市减少 128.07 万亩，为全省耕地面积减少最多的地级市，珠海市耕地面积减幅达到 63.80%，是全省耕地面积减幅最大的地级市。深圳市耕地面积仅减少 0.47 万亩，是全省耕地面积减少最少地级市，而湛江市由于耕地面积基数大，尽管面积减少量达到 43.09 万亩，变化幅度却仅有 6.50%，为全省耕地面积减幅最小的地级市。

全省减少的 457.90 万亩水田中，梅州市减少最多，共计 47.71 万亩，其次是江门市，减少 41.79 万亩，此外还有清远市、韶关市、茂名市、广州市等城市水田面积的减少量均在 30 万亩以上。水田面积减少相对较少的地级市包括东莞市、中山市、湛江市等市，其减少面积均在 10 万亩以下。值得注意的是，全省所有地级市中，仅有深圳市水田面积得到增加，共计增加 0.06 万亩，其他各地市水田面积均出现不同水平的下降。从变化幅度来看，珠海市水田面积减少 64.59%，是全省减少幅度最大的地级市，其次是中山市，水田减少 62.04%，相较之下湛江市水田面积减少仅 2.41%，而深圳市新增的 0.06 万亩水田使其全市水田面积增长了四倍以上。

全省水浇地面积共增加 75.66 万亩，各地级市水浇地面积有增有减，其中水浇地面积增加最多的地级市为湛江市，共计增加 49.33 万亩，而广州市水浇地面积共减少 20.28 万亩，是全省水浇地面积减少最多的地级市。此外还有东莞市、佛山市、中山市、珠海市、深圳市等市水浇地面积均出现一定程度下降。从变化幅度上看，云浮市、阳江市和茂名市的水浇地虽总体面积增加不多，但自身增长幅度排在全省前三位。广州市水浇地面积减少幅度同样位居全省第一，其减幅为 43.47%。

全省旱地面积共计减少 563.23 万亩，其中旱地面积减少最多的地级市为清远市，共减少 93.15 万亩，其次是湛江市，共减少 85.49 万亩。全省仅有东莞市旱地面积有少量增加，共计 0.27 万亩。变化幅度上，全省旱地面积减少幅度总体处于较高水平，其中中山市旱地减少 83.27%。为全省旱地减幅最大的地级市，如表 3.14 所列。

表 3.14　各市耕地变化情况统计表

行政区	水田		水浇地		旱地		耕地合计	
	变化面积/万亩	变化幅度/%	变化面积/万亩	变化幅度/%	变化面积/万亩	变化幅度/%	变化面积/万亩	变化幅度/%
广东省	−457.90	−18.18	75.66	44.44	−563.23	−50.79	−945.46	−24.89
广州市	−30.86	−37.93	−20.28	−43.47	−1.57	−71.40	−52.71	−40.48
韶关市	−33.88	−15.28	8.29	121.80	−56.42	−59.33	−82.01	−25.34

行政区	水田		水浇地		旱地		耕地合计	
	变化面积/万亩	变化幅度/%	变化面积/万亩	变化幅度/%	变化面积/万亩	变化幅度/%	变化面积/万亩	变化幅度/%
深圳市	0.06	428.22	−0.30	−6.73	−0.23	−80.77	−0.47	−9.97
珠海市	−11.52	−64.59	−0.72	−22.79	−5.10	−82.48	−17.34	−63.80
汕头市	−11.74	−27.39	2.15	29.10	−4.51	−66.30	−14.10	−24.72
佛山市	−16.65	−47.65	−3.42	−22.45	−5.03	−75.37	−25.10	−44.16
江门市	−41.79	−21.97	2.43	41.48	−23.63	−70.59	−63.00	−27.45
湛江市	−6.93	−2.41	49.33	580.74	−85.49	−23.35	−43.09	−6.50
茂名市	−32.79	−13.40	6.63	524.22	−61.58	−67.39	−87.74	−26.01
肇庆市	−24.82	−15.87	6.57	150.86	−35.04	−66.87	−53.29	−25.00
惠州市	−26.74	−21.24	3.80	19.61	−51.27	−77.68	−74.21	−35.13
梅州市	−47.71	−24.83	0.15	2.81	−29.73	−71.45	−77.29	−32.34
汕尾市	−13.79	−13.17	2.53	64.18	−14.00	−45.81	−25.26	−18.15
河源市	−25.29	−15.32	3.97	301.72	−28.08	−68.63	−49.40	−23.83
阳江市	−22.13	−14.19	4.20	902.61	−24.99	−53.07	−42.92	−21.09
清远市	−41.32	−17.24	6.40	103.99	−93.15	−63.96	−128.07	−32.71
东莞市	−0.61	−38.24	−4.68	−27.07	0.27	1 736.56	−5.01	−26.53
中山市	−6.11	−62.04	−1.41	−16.28	−0.38	−83.27	−7.90	−41.63
潮州市	−16.32	−41.94	1.22	61.48	−7.02	−79.83	−22.11	−44.51
揭阳市	−28.42	−27.44	4.72	235.87	−9.76	−50.66	−33.45	−26.80
云浮市	−18.55	−17.84	4.09	2 418.13	−26.53	−55.36	−40.99	−26.96
岛屿	0.00	0.00	0.00	0.00	0.00	0.00	0.00	0.00

（2）空间分布

从耕地变化空间分布来看，"二调"至"三调"期间。减少的耕地主要分布在粤西北山区的清远市、韶关市和梅州市，珠三角平原区的惠州市，粤西沿海区的茂名市。

从耕地的变化幅度空间分布来看，"二调"至"三调"期间，珠三角平原区的广州市、佛山市、中山市、珠海市和粤东沿海区的潮州市的耕地变化幅度最大，其次耕地变化幅度较大的主要分布在粤西北山区。

从水田变化的空间分布来看，"二调"至"三调"期间，水田减少的地区远远多于水田增加的地区。全省只有深圳市的水田面积有所增加，其余地级市的水田总量均下降，尤其是清远市、梅州市和江门市的水田面积的减少尤其明显。其次水田面积的减少量大部分位于粤西北山区的韶关市和河源市，珠三角平原区的广州市、惠州市、肇庆市，粤东沿海区的揭阳市、茂名市。水田减少的空间聚集分布较为明显。

从水浇地变化的空间分布来看，"二调"至"三调"期间，水浇地增加的地区明显多于水浇地减少的地区。全省除了珠三角平原区的广州市、东莞市、佛山市、中山市、珠海市、深圳市等地区水浇地的面积减少外，其余地级市的水浇地面积均有所增长。广州市的水浇地面积减少量最大，其次是东莞市和佛山市，深圳市的水浇地面积减少量最小。在水浇地面积增加的地级市中，湛江市的水浇地面积增加量最大，其次是位于粤西北山区的韶关市、清远市和肇庆市。粤东沿海区的汕头市、汕尾市、潮州市和梅州市的水浇地的增加量最少。

从旱地变化的空间分布来看，"二调"至"三调"期间，旱地减少的地区远远多于旱地增加的地区。全省除了珠三角平原区的东莞市的旱地面积有所增加外，其余地级市的旱地面积均减少。减少的旱地主要分布在粤西北山区的清远市、韶关市，粤西沿海区的湛江市、茂名市珠三角平原区的惠州市。其次减少的旱地主要分布于粤西北山区的河源市、梅州市、云浮市，珠三角平原区的肇庆市、江门市和粤西沿海区的阳江市。珠三角平原区的广州市、佛山市、中山市、深圳市、珠海市和粤东沿海区的汕头市的旱地减少量最少。旱地面积减少量的空间聚集分布特征也较为明显，如表3.15所示。

表3.15 各土地利用分区耕地变化情况统计表

万亩

土地利用分区	水田	水浇地	旱地	耕地合计
珠三角平原区	−159.04	−18.01	−121.98	−299.03
粤东沿海区	−70.26	10.62	−35.28	−94.91
粤西沿海区	−61.85	60.16	−172.06	−173.75
粤西北山区	−166.75	22.89	−233.91	−377.76

从全省四大土地利用分区的耕地变化情况来看，珠三角平原区、粤东沿海区、粤西沿海区以及粤西北山区的耕地总量均明显减少。粤西北山区减少的耕地最多，

共计 377.76 万亩，其次是珠三角平原区，耕地减少了 299.03 万亩，粤东沿海区耕地的减少量最少，减少了 94.91 万亩。从耕地结构变化情况来看，各区的水田面积均明显减少，减少的水田主要分布在粤西北山区以及珠三角平原区，两个沿海区域减少的水田面积相对较少。四大分区旱地面积总量也明显减少，其中粤西北山区的旱地面积减少量最大，其次是粤西沿海区，粤东沿海区的旱地面积减少量最少。此外，各区水浇地变化的空间差异较明显，珠三角平原区的水浇地面积减少了 18.01 万亩，而粤东沿海区、粤西沿海区和粤西北山区的水浇地面积均有所增加，其中粤西沿海区水浇地增加量最大，增加面积为 60.16 万亩，粤西北山区水浇地面积的增加量次之，为 22.89 万亩，如图 3.3 所示。

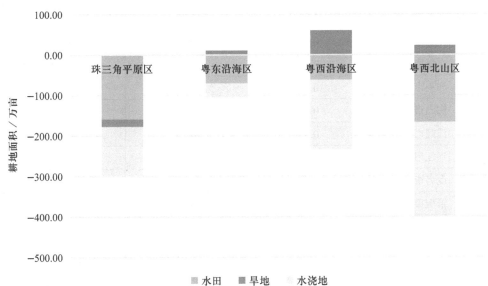

图 3.3　土地利用分区耕地变化结构图

3.2.1.3　人均耕地变化

总体来看，"二调"至"三调"期间，全省人均耕地面积减少较大，全广东省的人均耕地由 0.40 亩减少至 0.25 亩，减少了 0.15 亩。所有的地级市的人均耕地均有所减少，仅有深圳市的人均耕地减少量不甚明显，其中清远市人均耕地减少0.34 亩，为全省人均耕地面积减少最多的地级市，其次是韶关市和惠州市，人均耕地分别减少了 0.29 亩和 0.25 亩。

从人均耕地变化量的空间分布来看，"二调"至"三调"期间，人均耕地减少较多的区域主要分布在粤西北山区的韶关市、清远市和珠三角平原区的惠州市。其次是粤西北山区的河源市、梅州市、云浮市，珠三角平原区的肇庆市、江门市、东莞市和粤西沿海区的茂名市、阳江市。人均耕地的减少量最少的区域均位于珠三角平原区的佛山市、东莞市、中山市和深圳市。人均耕地变化的空间聚集分布特征较为明显，如表 3.16 所示。

表 3.16　各市人均耕地变化情况统计表

亩

行政区	"二调"人均耕地面积	"三调"人均耕地面积	人均耕地面积变化
广东省	0.40	0.25	−0.15
广州市	0.13	0.05	−0.08
韶关市	1.09	0.80	−0.29
深圳市	0.01	0.00	−0.01
珠海市	0.18	0.05	−0.13
汕头市	0.11	0.08	−0.03
佛山市	0.09	0.04	−0.05
江门市	0.55	0.36	−0.19
湛江市	0.95	0.84	−0.11
茂名市	0.54	0.39	−0.15
肇庆市	0.55	0.38	−0.17
惠州市	0.53	0.28	−0.25
梅州市	0.58	0.37	−0.21
汕尾市	0.47	0.38	−0.09
河源市	0.70	0.51	−0.19
阳江市	0.85	0.62	−0.23
清远市	1.02	0.68	−0.34
东莞市	0.03	0.02	−0.01
中山市	0.08	0.03	−0.05
潮州市	0.19	0.10	−0.09
揭阳市	0.22	0.15	−0.07
云浮市	0.62	0.44	−0.18
岛屿	0.00	0.00	0.00

3.2.1.4　耕地变化流向分析

由"二调"至"三调"的流向成果数据分析可知，"二调"至"三调"期间，广东省耕地的流出总量大于耕地的流入总量，耕地的总量明显减少。在这期间，耕地共流出了 1 425.41 万亩。耕地的减少量主要是转化为林地，耕地转为林地的面积为 596.08 万亩，其次分别为园地、水域、城镇村及工矿用地，所用的耕地面积分别为 445.63 万亩、163.40 万亩、126.94 万亩，耕地转化为湿地所占用的耕地面积最少，为 1.41 万亩。

"二调"至"三调"期间，广东省耕地的流入面积为 479.90 万亩。耕地的流入来源主要是园地，园地转化的耕地面积有 165.64 万亩，其次是林地、水域、其他土地，转化的耕地面积分别为 114.60 万亩、75.78 万亩、69.60 万亩，由水工建筑用地转化而得的耕地最少，面积仅为 1.39 万亩。

分析可知，"二调"至"三调"期间，耕地的动态变化主要是在耕地与林地、耕地与园地、耕地与水域之间的双向转移。耕地的增加来源主要有林地、园地，耕地的流出也主要是园地、林地。

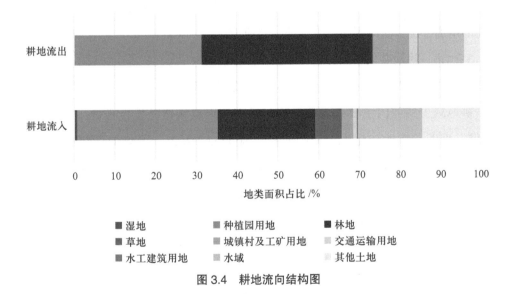

图 3.4　耕地流向结构图

3.2.1.5　耕地变化特征

经过以上分析，"二调"至"三调"期间，广东省耕地在规模结构和空间分布上均有着明显变化，变化的特征主要有以下几点。

（1）耕地总量的减少幅度明显，耕地内部结构变化趋于稳定

全省耕地面积减少了 945.46 万亩，减少幅度高达 24.89%。"二调"与"三调"的耕地内部结构，均以水田占比最高，其次是旱地，最后是水浇地。

（2）耕地规模及结构变化空间差异显著

全省 21 个地级市中，各地市的耕地均出现不同程度减少。清远市减少 128.07 万亩，为全省耕地面积减少最多的地级市，珠海市耕地面积减幅达到 63.80%，是全省耕地面积减幅最大的地级市。从土地利用分区的耕地变化情况来看，珠三角平原区、粤东沿海区、粤西沿海区以及粤西北山区的耕地总量均明显减少，且各地级市之间、四大区之间的水田、水浇地、旱地的变化差异性十分明显。

（3）全省人均耕地面积普遍减少，耕地资源紧缺

全省人均耕地减少了 0.15 亩，当前人均耕地面积仅有 0.25 亩，耕地资源十分紧缺。全省 21 个地级市的人均耕地均出现不同程度的减少。人均耕地变化的空间聚集分布特征较为明显。

（4）耕地与林地，耕地与园地之间双向转移

耕地的流向变化特征主要表现在耕地与林地、耕地与园地之间的双向转移。耕地的增加来源、流出去向均以林地、园地为主。

3.2.1.6　耕地变化原因分析

耕地的变化既受自然因素制约，又受人文因素影响。

耕地减少的原因主要是农业结构调整占用以及城镇开发侵占等。"二调"至"三调"期间，耕地转化为园地的面积共有 445.63 万亩，占减少总量的 31.26%。耕地转化为林地和水域的面积为 759.49 万亩，占减少总量的 53.28%。随着城镇化和工业化发展水平不断提高，各地劳动力成本普遍增加。为了增加收入，农民有组织或自发进行农业结构调整，在耕地上种植苗木、种果、种茶，挖塘养鱼，新修农田水利设施，提高土地的生产效益；此外由于城镇空间建设需求，耕地资源被侵占 159.19 万亩，具体包括城镇村及工矿用地占用耕地，交通运输、水工建筑等占用耕地，占耕地减少总量的 11.17%。耕地减少的原因还有自然灾害损毁、生态整治工程以及"二调"工作标准和技术原因等，均造成"二调"至"三调"期间广东省耕地总量的减少。

2009 年至 2019 年期间，广东省城市化进程的加快和人口的迅速膨胀，城市空

间扩张压力进一步加大，而城市周围分布的主要是优质耕地，加上耕地与城市用地在比较效益方面的显著差异，使得实行城市扩展政策的直接结果就是对耕地的大面积开发占用，这是导致耕地大幅度减少的重要原因。

耕地增加的原因主要有：各级政府及国土资源管理等部门组织实施土地整理、复垦、开发来补充耕地；中低产田治理等农业综合开发、小流域治理补充耕地；农民自发开荒种地，对耕地内部的沟、渠、路进行平整，加上近年来国家取消农业税，实施种粮农民直补等惠农政策，进一步调动农民自发开垦耕地的积极性；地方发展特色农业、农民自发调整种植作物等农业结构调整措施促使耕地增加。在各类农业产业联盟推动下，为发展现代规模化特色农业，在园地、林地等农用地上种植甘蔗等糖料等作物，在"三调"规则中按耕地调查；部分林区由于林业产业政策调整，林业内森林企业职工在林区内自行开垦，事实上形成口粮田、劳保田、工资田，以及建筑物自然损毁复耕和"二调"遗漏、调查技术等原因。

2010年9月1日起施行的《广东省非农业建设补充耕地管理办法》是根据《中华人民共和国土地管理法》和其他有关法律法规，结合广东省实际制定的，《办法》要求各级人民政府鼓励实行土地整理复垦开发，土地行政主管部门根据上级下达的土地整理复垦开发计划指标，结合当地建设用地和土地利用的实际状况编制耕地开发年度计划和土地整理年度计划，切实保护耕地，严格控制耕地转为非农业建设用地，确保了耕地总量的动态平衡。

3.2.2　建设用地变化

3.2.2.1　建设用地规模结构变化

（1）规模变化

总体上看，全省建设用地规模由"二调"时期的2 476.07万亩增长至"三调"时期的3 038.06万亩，共计增加561.99万亩，增长幅度高达22.70%。从二级类来看，城镇村及工矿用地的面积增加最多，增加了430.52万亩，增长幅度为19.43%。交通运输用地增加的面积其次，为135.54万亩，增长幅度为64.32%。相比之下，水工建筑用地的面积减少，减少的面积为4.08万亩，减少幅度8.14%，如表3.17所示。

表 3.17　建设用地规模变化情况表

统计项＼类别	城镇村及工矿用地	交通运输用地	水工建筑用地	合计
"二调" /万亩	2 215.22	210.73	50.12	2 476.07
"三调" /万亩	2 645.74	346.27	46.04	3 038.06
变化量 /万亩	430.52	135.54	−4.08	561.99
变化幅度 /%	19.43	64.32	−8.14	22.70

（2）结构变化

结构上，"二调"数据结果显示全省建设用地结构比例为 44.20 ∶ 4.20 ∶ 1，"三调"数据结果显示建设用地结构比例为 57.47 ∶ 7.52 ∶ 1。其中，城镇村及工矿用地在建设用地的面积占比由 89.47% 减少至 87.09%，降幅为 2.38%；交通运输用地增幅为 2.89%，已增长到"三调"建设用地面积的 11.40%；水工建筑用地占全省建设用地面积的比例由"二调"时期的 2.02% 下降为 1.52%，降幅为 0.51%，如表 3.18 所示。

表 3.18　建设用地规模结构变化统计表

%

占比情况＼地类	城镇村及工矿用地	交通运输用地	水工建筑用地
"二调"占比	89.47	8.51	2.02
"三调"占比	87.09	11.40	1.52
比例变化量	−2.38	2.89	−0.51

3.2.2.2　建设用地空间分布变化

（1）行政区划

总体来看，全省 21 个地级市的建设用地面积均呈现不同程度的增长。其中惠州市建设用地的增长面积与增长幅度均为全省最高，增长面积为 67.06 万亩，增长幅度高达 58.31%。增长面积第二的为广州市，增长了 51.94 万亩，增长幅度为 22.54%。增长幅度第二的是河源市，增长面积为 39.55 万亩，增长幅度高达 53.31%。珠海市建设用地的增长面积与增长幅度均为全省最低，增长面积仅有 1.79 万亩，增长幅度为 2.83%，如图 3.5 所示。

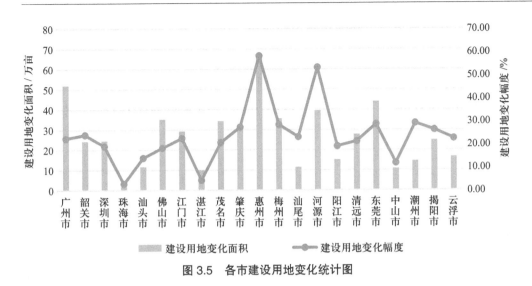

图 3.5　各市建设用地变化统计图

在全省 21 个地级市的城镇村及工矿用地变化中，除了珠海市的城镇村及工矿用地面积减少了 0.05 万亩之外，其余 20 个地级市的城镇村及工矿用地面积均有不同程度的增加。和全省各地级市的建设用地增长情况相似，惠州市的城镇村及工矿用地的增长面积与增长幅度均为全省最高，增长面积为 53.50 万亩，增长幅度高达 53.06%。增长面积第二的为广州市，城镇村及工矿用地的面积增长了 46.58 万亩，增长幅度为 23.71%。增长幅度第二的是河源市，面积增长了 25.46 万亩，增长幅度高达 39.12%，如图 3.6 所示。

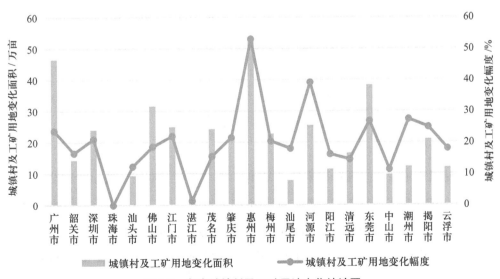

图 3.6　各市城镇村及工矿用地变化统计图

全省 21 个地级市的交通运输用地面积，在"二调"至"三调"期间均呈现不同程度的增长。惠州市的面积增长依旧为全省最高，交通运输用地面积增长了13.79 万亩，增长幅度高达 123.38%。河源市的交通运输用地面积增长幅度最高，增长面积为全省第二，面积增长了 13.65 万亩，增长幅度高达 162.68%，如图 3.7所示。

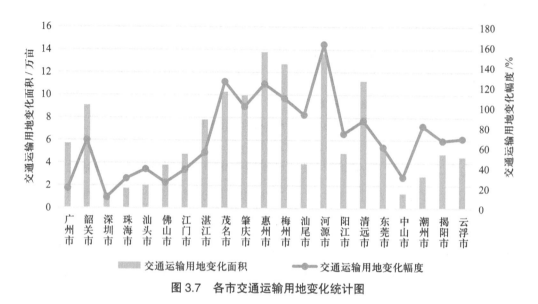

图 3.7 各市交通运输用地变化统计图

在全省 21 个地级市的水工建筑用地变化中，韶关市、珠海市、汕头市、梅州市、河源市、清远市、东莞市、云浮市 8 个地级市的水工建筑用地面积在"二调"至"三调"期间均呈现不同程度的增长，而其他 13 个地级市的水工建筑用地面积则均减少。其中，韶关市的增长面积与增长幅度最大，增长面积为 0.97 万亩，增长幅度高达 93.73%。阳江市的减少面积和减少幅度最大，减少面积为 1.08 万亩，减少幅度为 49.48%，如图 3.8 所示。

（2）空间分布

从建设用地变化空间分布来看，"二调"至"三调"期间，增加的建设用地主要分布在珠三角平原区的广州市、东莞市和惠州市，这三个地级市增加的建设用地均大于 40 万亩，占了全广东省建设用地增加总量的 29%。

从建设用地的变化幅度空间分布来看，"二调"至"三调"期间，珠三角平原区的惠州市和粤西北山区的河源市的建设用地的增长幅度最大，增长幅度均高于 30%。

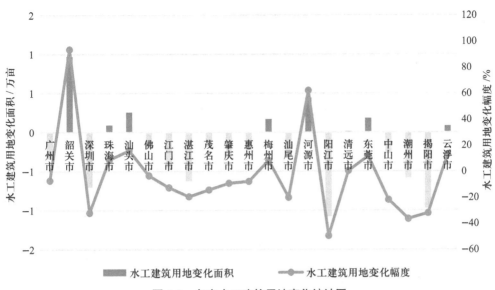

图 3.8 各市水工建筑用地变化统计图

从城镇村及工矿用地变化的空间分布来看,"二调"至"三调"期间,城镇村及工矿用地的面积除了珠三角平原区的珠海市减少外,其余地级市的城镇村及工矿用地均有所增加。其中,城镇村及工矿用地面积的增长主要集中于珠三角平原区的广州市、东莞市、佛山市和惠州市,城镇村及工矿用地的面积增长量均在 30万亩以上。从交通运输用地变化的空间分布来看,"二调"至"三调"期间,广东省 21 个地级市的交通运输用地均呈现不同程度的增长。增加的交通运输用地主要集中在珠三角平原区的惠州市,以及粤西北山区的河源市、梅州市,这三个地级市增加的交通运输用地均大于 12 万亩,占了全广东省交通运输用地增加总量的29.64%。广东省交通运输用地面积变化的空间聚集特征明显。

从水工建筑用地变化的空间分布来看,"二调"至"三调"期间,广东省水工建筑用地面积减少的地区多于面积增加的地区。水工建筑用地面积增加最多的地区为粤西北山区的韶关市。面积减少的地区主要在粤西沿海区与粤东沿海区的湛江市、阳江市、潮州市、揭阳市,和珠三角平原区的深圳市,减少的水工建筑用地面积均在 0.5 万亩以上。

从四大区的建设用地变化情况来看,四大区的建设用地均有所增加。珠三角平原区的建设用地增加的面积高达 296.02 万亩,其次是粤西北山区,建设用地面积增长了 143.92 万亩,相比之下,粤东沿海区和粤西沿海区的建设用地分别增长了 62.51 万亩和 59.54 万亩，如表 3.19 所列。

表 3.19　各土地利用分区建设用地变化情况统计表

万亩

土地利用分区	城镇村及工矿用地面积变化量	交通运输用地面积变化量	水工建筑用地面积变化量	建设用地合计
珠三角平原区	250.40	47.87	−2.25	296.02
粤东沿海区	50.58	13.54	−1.61	62.51
粤西沿海区	38.51	22.92	−1.89	59.54
粤西北山区	91.03	51.21	1.68	143.92

从四大区的建设用地结构变化来看，四大区的各二级类建设用地变化趋势较为一致。

城镇村及工矿用地的面积均大幅增加，尤其是珠三角平原区，增长的城镇村及工矿用地面积高达 250.40 万亩，其次是粤西北山区，镇村及工矿用地面积增加了 91.03 万亩，粤东沿海区和粤西沿海区的城镇村及工矿用地的面积分别增长了 50.58 万亩和 38.51 万亩。

珠三角平原区、粤东沿海区、粤西沿海区、粤西北山区的交通运输用地的面积均有所增加，增加的面积分别为 47.87 万亩、13.54 万亩、22.92 万亩、51.21 万亩。

而四大区的水工建筑用地均有所减少，珠三角平原区、粤东沿海区、粤西沿海区、粤西北山区减少的水工建筑用地面积分别为 −2.25 万亩、−1.61 万亩、−1.89 万亩、1.68 万亩。

3.2.2.3　人均建设用地变化

"二调"至"三调"期间，广东省人均建设用地从"二调"的 0.258 亩增长到"三调"的 0.264 亩，增加了 0.006 亩。在 21 个地级市中，珠三角平原区的广州市、佛山市、东莞市、深圳市、中山市、珠海市和粤西沿海区的湛江市 7 个地级市的人均建设用地发生了减少。其中，珠海市的人均建设用地减少量最多，减少了 0.103 亩。而粤西北山区的所有地级市和粤东沿海区与粤西沿海区的大部分区域，以及珠三角平原区的部分地级市的人均建设用地均有所增长。人均建设用地的变化在空间上有明显的聚集特征。

3.2.2.4　建设用地变化流向分析

由"二调"至"三调"的流向成果数据分析可知,"二调"至"三调"期间,广东省建设用地的流入量大于建设用地的流出量,建设用地的总量增加。在这期间,建设用地共流出 217.35 万亩。建设用地的减少量主要是转化为林地,建设用地转为林地的面积为 96 万亩。其次分别是草地、水域、耕地、园地、其他土地,所用的建设用地面积分别为 38.99 万亩、31.59 万亩、19.36 万亩、19.13 万亩、8.10 万亩,建设用地转化为湿地所占用的建设用地面积最少,为 4.17 万亩。

"二调"至"三调"期间,广东省建设用地的流入面积为 775.00 万亩。建设用地的流入来源主要是林地,林地转化的建设用地面积为 186.64 万亩,其次依次是耕地、其他土地、水域、园地、草地,转化而得的建设用地面积分别为 159.19 万亩、142.00 万亩、118.16 万亩、101.65 万亩、57.90 万亩,由湿地转化而得的建设用地最少,面积为 9.46 万亩,如图 3.9 所示。

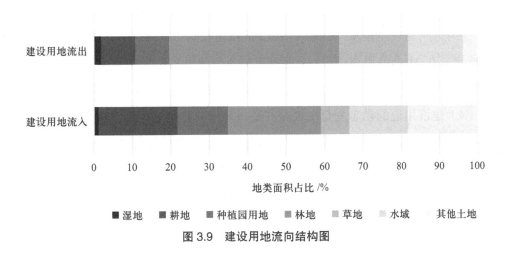

图 3.9　建设用地流向结构图

分析可知,"二调"至"三调"期间,建设用地的动态变化主要是在建设用地与林地之间的双向转移。建设用地的增加来源主要有林地、耕地、其他土地,建设用地的转向主要是林地。

3.2.2.5　建设用地变化特征

经过以上分析,"二调"至"三调"期间,广东省建设用地在规模结构和空间分布上均有着明显变化,变化的特征主要有以下几点。

(1)建设用地总量的增长幅度明显,建设用地内部结构变化较为稳定,城镇

村及工矿用地增长量最大，交通运输用地增速最快

全省建设用地面积增加了561.99万亩，增长幅度高达22.70%。"二调"与"三调"的建设用地内部结构，均以城镇村及工矿用地占比最高，其次是交通运输用地，最后是水工建筑用地。城镇村及工矿用地的面积增加最多，增加了430.52万亩，增长幅度为19.43%。交通运输用地增加的面积其次，为135.54万亩，增长幅度为64.32%。

（2）建设用地及其内部结构变化的空间差异明显

全省21个地级市的建设用地面积均呈现不同程度的增长。其中惠州市建设用地的增长面积与增长幅度均为全省最高，增长面积为67.06万亩，增长幅度高达58.31%。珠海市建设用地的增长面积与增长幅度均为全省最低，增长面积仅有1.79万亩，增长幅度为2.83%。各地级市之间、四大分区之间的城镇村及工矿用地、交通运输用地、水工建筑用地的变化差异性较大。

（3）"二调"至"三调"期间，全省人均建设用地面积有所增长

全省人均建设用地从"二调"的0.258亩增长到"三调"的0.264亩，增加了0.006亩。在21个地级市中，7个地级市的人均建设用地发生了减少，14个地级市的人均建设用地均有所增长。人均建设用地的变化在空间上有明显的聚集特征。

（4）建设用地的动态变化主要是在建设用地与林地之间的双向转移。建设用地的增加来源主要有林地、耕地、其他土地，建设用地的转向主要是林地

建设用地的减少量主要是转化为林地，其次分别是草地、水域、耕地、园地、其他土地，建设用地转化为湿地所占用的建设用地面积最少。建设用地的流入来源主要是林地，其次依次是耕地、其他土地、水域、园地、草地，由湿地转化而得的建设用地最少。

3.2.2.6 建设用地变化原因分析

经济建设是建设用地增长的主要原因。十年间，全广东省的地区生产总值从2009年的39 464.69亿元，增长到2019年的107 671.07亿元，经济的快速增长加速了城镇化的持续快速推进，城市的发展建设以及固定资产的投资对建设用地形成了刚性需求，公路、铁路等基础设施建设加大推进力度，城镇村及工矿用地和交通运输用地迅速扩张，尤其体现在经济高速发展的粤港澳大湾区。

从建设用地面积增速来看，建设用地面积增加最快的是交通运输用地，这一

特征与我国一直推进的城镇化和新农村建设战略、实施以交通运输为先导的区域协调发展战略高度吻合，也和相关部门的建设和发展规模、速度相一致，客观地反映了我省经济社会发展的状况。

而建设用地中水工建筑用地的减少，一方面是由于灌溉条件的改善及土地整理等原因，部分扬水站、水电厂房废弃，归入其他地类调查，另一方面也跟"二调"与"三调"调查规则不同和调查精度提升等原因有关。

3.2.3　生态用地变化

本文第二章将林地、草地、湿地、水域等4类用地视为生态空间的主要地类，并对其利用现状展开了讨论，考虑到"二调"时期土地调查分类不含湿地分类，故无法进行湿地变化情况的比较，本节将主要讨论生态用地中林地、草地、水域的变化情况。

3.2.3.1　林地变化

（1）林地规模变化

从林地规模变化来看，相比"二调"，全省林地规模从"二调"时期的15 198.00万亩增加到"三调"时期的16 205.22万亩，共计增加1 007.23万亩，增加的林地面积占全省林地面积的6.63%。从全省林地密度变化来看，"二调"到"三调"期间，广东省林地的密度增加了3.61%（"三调"的林地包括湿地二级类中的红树林地、森林沼泽、灌丛沼泽），如表3.20所示。

表 3.20　林地变化情况统计表

统计项＼地类	林地	林地密度
"二调"	15 198.00 万亩	56.42%
"三调"	16 205.22 万亩	60.03%
变化量	+1 007.23 万亩	+3.61%
变化幅度	+6.63%	

（2）林地变化流向分析

由"二调"至"三调"的流向成果数据分析可知，"二调"至"三调"期间，广东省林地的流出量明显小于林地的流入量，林地的总量增加。在这期间，林地共流出了 952.29 万亩。林地的流出主要是转化为园地，林地转为园地的面积为 392.62 万亩，其次分别是建设用地、耕地、草地、水域、其他土地，所用的林地面积分别是 186.64 万亩、114.60 万亩、101.40 万亩、88.44 万亩、61.29 万亩，林地转为湿地所占用的林地面积最少，仅有 7.29 万亩。

"二调"至"三调"期间，广东省林地的流入面积为 1 942.72 万亩。林地的流入来源主要是园地和耕地，园地转为林地的面积为 638.10 万亩，耕地转为林地的面积为 596.08 万亩，其次分别为草地、其他土地、建设用地、水域，转化的林地面积分别为 321.82 万亩、182.89 万亩、96.00 万亩、95.84 万亩，由湿地转化而得的林地最少，面积仅为 11.90 万亩，如图 3.10 所示。

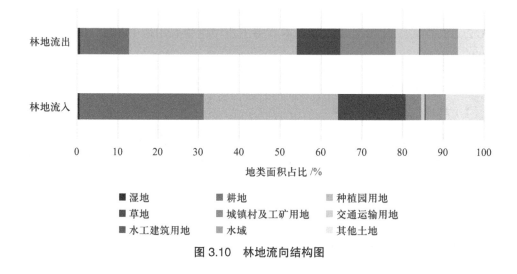

图 3.10　林地流向结构图

分析可知，"二调"至"三调"期间，林地的动态变化主要是在林地与园地、林地与耕地之间的双向转移。林地的增加来源主要有耕地与园地，林地的转向主要是园地。

（3）林地变化特征与原因分析

经过以上分析，"二调"至"三调"期间，广东省林地在规模结构和空间分布上均有着明显变化，变化的特征主要有以下几点。

1）林地的面积增长量大，增长幅度大，林地密度有所增长，林地内部结构趋于稳定。全省林地面积增加了 1 007.23 万亩，变化幅度为 6.63%。从全省林地密度变化来看，"二调"到"三调"期间，广东省林地的密度增加了 3.61%。

2）林地的动态变化主要是在林地与园地、林地与耕地之间的双向转移。林地的增加来源主要有耕地与园地，林地的转向主要是园地。"二调"至"三调"期间，广东省的林地主要是转化为园地，其次分别是建设用地、耕地、草地、水域、其他土地，林地转为湿地所占用的林地面积最少。林地的流入来源主要是园地和耕地，其次分别为草地、其他土地、建设用地、水域，由湿地转化而得的林地最少。

林地变化原因分析：十年间，随着《中华人民共和国森林法实施条例》《退耕还林条例》《关于进一步完善退耕还林政策措施的若干意见》《广东省林地保护管理条例》和《广东省生态公益林建设管理和效益补偿办法》等法规的颁布执行，政府积极实施退耕还林、建设生态林地等工程，对林地起到了一定的保护和培育作用，有较多的耕地恢复成了林地，一些地区的生态环境得到了改善，生态文明建设成效显著。

3.2.3.2 草地变化

（1）草地规模变化

从草地规模变化来看，相比"二调"，全省草地从"二调"时期的 539.30 万亩减少到"三调"时期的 357.83 万亩，共计减少 181.47 万亩，减少的草地占全省草地面积的 33.65%。从全省草地密度变化来看，"二调"到"三调"期间，广东省草地的密度减少了 0.67%，如表 3.21 所列。

表 3.21　草地变化总体情况表

统计项＼地类	草地	草地密度
"二调"	539.30 万亩	2.00%
"三调"	357.83 万亩	1.33%
变化量	−181.47 万亩	−0.67%
变化幅度	−33.65%	

（2）草地空间分布变化

总体来看，"二调"到"三调"期间，全省草地面积增加的区域有广州市、深圳市、珠海市、佛山市、江门市、湛江市、茂名市、中山市共 8 个地级市。全省草地面积减少的区域有韶关市、汕头市、肇庆市、惠州市、梅州市、汕尾市、河源市、阳江市、清远市、东莞市、潮州市、揭阳市、云浮市共 13 个地级市。

　　从面积的增加量来看，"二调"到"三调"期间，全省草地面积增加量最大的是湛江市，增加了 25.19 万亩。其次是广州市，草地面积增加了 10.59 万亩。

　　从面积的减少量来看，"二调"到"三调"期间，全省草地面积减少量最大的是清远市，减少了 114.11 万亩。其次是梅州市，草地面积减少了 33.60 万亩，如图 3.11 所示。

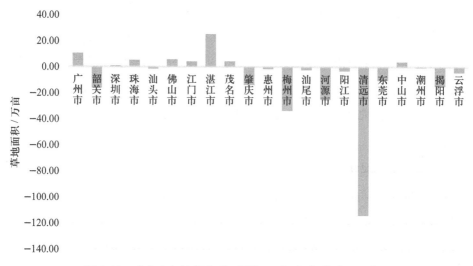

图 3.11　广东省各地级市"二调"至"三调"草地面积变化

　　从草地变化的空间分布来看，"二调"到"三调"期间，全省草地增加的地级市有 8 个，草地减少的地级市有 13 个，且草地减少的多数地级市的土地面积较大，可以看出，草地减少的地区大于草地增加的地区。增加的草地主要分布在粤西沿海区的湛江市，减少的草地主要分布在粤西北山区的清远市。草地变化的空间聚集特征明显。

　　从四大区的草地变化情况来看，珠三角平原区、粤东沿海区、粤西沿海区、粤西北山区的草地变化空间差异明显。珠三角平原区和粤西沿海区的草地均有所增长，其中粤西沿海区的草地增长面积最大，为 26.31 万亩。粤东沿海区和粤西北山区的草地面积发生减少，粤东沿海区减少了 19.27 万亩，粤西北山区草地面积减少了 193.23 万亩，如表 3.22 所列。

表 3.22 各土地利用分区草地变化情况统计表

万亩

土地利用分区	"二调"草地	"三调"草地	草地变化量
珠三角平原区	125.03	129.74	4.71
粤东沿海区	66.05	46.78	−19.27
粤西沿海区	51.18	77.49	26.31
粤西北山区	297.04	103.81	−193.23

（3）草地变化流向分析

由"二调"至"三调"的流向成果数据分析可知，"二调"至"三调"期间，广东省草地的流出量大于草地的流入量，草地的总量减少。在这期间，草地共流出了 474.55 万亩。草地的流出主要是转化为林地，草地转为林地的面积为 321.82 万亩，其次分别为建设用地、园地、耕地、水域、其他土地，所用的草地面积分别为 57.90 万亩、39.23 万亩、31.29 万亩、16.75 万亩、6.73 万亩，草地转为湿地所占用的面积最少，为 0.83 万亩。

"二调"至"三调"期间，广东省草地的流入面积为 291.80 万亩。草地的流入来源主要是林地，流入面积为 101.40 万亩，其次依次是园地、水域、建设用地、其他土地、湿地，转化的草地面积分别为 59.66 万亩、51.83 万亩、38.99 万亩、28.41 万亩、8.11 万亩，由耕地转化而得的草地最少，面积为 3.40 万亩，如图 3.12 所示。

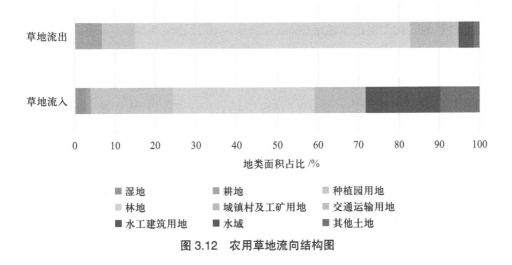

图 3.12 农用草地流向结构图

分析可知，"二调"至"三调"期间，草地的动态变化主要是在草地与林地之间的双向转移。草地的增加来源主要是林地与园地，草地的转向主要是林地。

（4）草地变化特征与原因分析

经过以上分析，"二调"至"三调"期间，广东省草地在规模结构和空间分布上均有着明显变化，变化的特征主要是：

1）草地总量的减少十分明显，密度有所降低，结构变化较为稳定。全省草地共计减少 181.47 万亩，变化幅度为 –33.65%。从全省草地密度变化来看，广东省草地的密度减少了 0.67%。

2）草地变化的空间差异明显。全省草地增加的地级市有 8 个，草地减少的地级市有 13 个，且草地减少的多数地级市的土地面积较大，草地减少的地区大于草地增加的地区。增加的草地主要分布在粤西沿海区的湛江市，减少的草地主要分布在粤西北山区的清远市。从四大区的草地变化情况来看，珠三角平原区、粤东沿海区、粤西沿海区、粤西北山区的草地变化空间差异明显。珠三角平原区和粤西沿海区的草地均有所增长，粤东沿海区和粤西北山区的草地面积发生减少。草地变化的空间聚集特征明显。

3）草地的动态变化主要是在草地与林地之间的双向转移。草地的增加来源主要是林地与园地，草地的转向主要是林地。草地的流出主要是转化为林地，其次分别为建设用地、园地、耕地、水域、其他土地，草地转为湿地所占用的面积最少。草地的流入来源主要是林地，其次依次是园地、水域、建设用地、其他土地、湿地，由耕地转化而得的草地最少。

草地变化原因分析：草地面积的减少，与草地退化、耕地开垦、建设占用等因素有关。随着国务院推动"退耕还林还草试点工程"以及下发《关于进一步做好退耕还林还草工作的若干意见》（国发〔2000〕24 号），广东省据此对退耕还林还草地区给予粮食、资金及税收补助，此外随着人们生活水平的提高，对生活环境的绿化程度的重视，草地才有略微增加的趋势。但总体来看，在城镇化的总体趋势下，由于草地的经济效应不明显，草地面积总体上减少了。

3.2.3.3 水域变化

（1）规模结构变化

从规模变化来看，相比"二调"，全省水域规模从"二调"时期的 1 960.51 万亩增加到"三调"时期的 1 967.42 万亩，共计增加 6.91 万亩，增加幅度为 0.35%；水工建筑用地规模由"二调"时期的 50.12 万亩减少至"三调"时期的 46.04 万亩，减少面积为 4.08 万亩，变化了 8.13%。

从二级地类变化量来看，"二调"至"三调"期间，全广东省水域中水库水面和坑塘水面的面积增加，前者增加了 56.64 万亩，后者增加了 4.33 万亩。而河流水面、湖泊水面、沟渠均有不同程度的减少，其中沟渠的面积减少最多，减少了 41.89 万亩。广东省冰川及永久冰雪的面积一直为零。

从二级地类变化幅度来看，"二调"至"三调"期间，水库水面的增长幅度最大，达到了 23.77%。减少幅度最大的为湖泊水面，达到了 58.29%，其次是沟渠，减幅达到了 22.29%，如表 3.23 所列。

表 3.23　水域及水利设施用地变化情况统计表

地类 ＼ 统计项		"二调" / 万亩	"三调" / 万亩	变化量 / 万亩	变化幅度 /%
水域		1 960.51	1 967.42	6.91	0.35
其中	河流水面	509.13	499.90	−9.23	−1.81
	湖泊水面	5.05	2.11	−2.94	−58.29
	水库水面	238.34	294.98	56.64	23.77
	坑塘水面	1 020.09	1 024.42	4.33	0.42
	沟渠	187.90	146.01	−41.89	−22.29
	冰川及永久冰雪	0.00	0.00	0.00	0

（2）变化特征与原因分析

经过以上分析，"二调"至"三调"期间，广东省水域变化的特征主要是：水域面积总量有所增长，内部结构变化趋于稳定。从规模结构来看，全省水域从"二调"时期到"三调"时期共计增加 6.91 万亩，小幅增加 0.35%。从二级地类变化来看，全广东省的水库水面和坑塘水面的面积增加，而河流水面、湖泊水面、沟渠面积均有不同程度的减少。此外，水工建筑用地面积出现一定程度减少，由"二调"时期的 50.12 万亩，减少至"三调"时期的 46.04 万亩，减少幅度为 8.13%。

用地面积变化原因主要有以下两点。

1）水域面积的增加主要来自耕地、林地、湿地等其他地类的转化，造成水库水面的大幅增长。水库水面能够在蓄水、发电、灌溉、养殖、风景旅游和生态保护等方面起到显著作用，广东省过去十年在水库建设上投入了较大力量。

2）水工建筑用地面积的减少，主要是部分水工建筑用地转化为了水域、林地，促进了生态环境的改善。

第四章 耕地变化驱动机制分析

土地利用变化是自然环境和人类活动共同作用的产物，也是关乎国计民生的重要问题。随着快速城镇化的发展，土地利用变化也在不断加剧，人与自然的协调与平衡关系受到威胁。为掌握土地利用变化的内在机理，本研究基于第二次全国国土调查、第三次全国国土调查等数据，利用地理加权回归等空间分析手段对广东省 2009 年、2019 年耕地变化以及建设用地扩张情况进行了驱动机制的探索分析，为土地开发利用政策制定、推进耕地保护和生态保护提供科学支撑。

4.1 驱动机制分析研究方法

4.1.1 土地利用变化驱动力概念及其分类

土地利用变化驱动力是指导致土地利用方式和目的发生变化的因素。狭义的驱动力研究一般只是对其主导驱动因子的辨别，而广义的驱动力研究不仅包括对驱动机制的分析，还包括对驱动过程的模拟，以最终实现对土地利用状况的调控与预测。邵景安等（2007）学者指出土地利用变化驱动力包括自然生物、制度、技术及社会经济，如表 4.1 所示。在多数情况下，自然生物因素相对稳定，发挥累积性作用，通过引起土地利用上的决策对区域土地利用变化产生直接影响。

表 4.1　土地利用主要驱动力

驱动因素	主要因子	因子特点	主要驱动区域
自然生物因素	地表自然作用和由人为引起的气候变化、地形演化、植物演替、土壤过程、排水格局变化等	受其他驱动因子作用结果效应的累计作用，数据可得性强，易于定量和模拟	生态脆弱区、经济欠发达且人口增长过快及由经济快速发达诱导的地表覆盖急剧变化区

驱动因素	主要因子	因子特点	主要驱动区域
制度因素	产业结构变化、政策法规乃至个人和社会群体的意愿、偏好等	受生态环境、粮食安全等强信号的驱动，难于量化和模拟	城镇周围及城乡过渡区
技术因素	新材料、生物遗传、作物及有害物管理、食品加工及酿造等技术	受经济剩余和利润最大化等强信号驱动，难于量化和模拟	经济快速发展和人口高密度地区及经济落后地区初期的驱动力
社会经济因素	供给、需求、投入/产出、区域经济发展水平和消费方式等	受价格信号和政策强信号的驱动，易于定量和模拟	经济快速发展地区或欠发达地区的城镇周围及城乡过渡区

杨梅等（2011年）总结土地利用变化的本质上有如下几个原因：①在社会经济发展的不同时期，人们对土地产出的种类或数量的需求发生改变，由此导致土地利用变化，可称之为内生性变化或主动性变化；②由于自然或人为原因导致土地属性发生变化，或者社会群体目标发生变化，迫使人们不得不改变土地利用方式，可称之为外生性变化或被动性变化；③技术进步导致土地利用方式改变，可称之为技术性变化。这些因素在土地利用变化的驱动力过程中，驱动力首先影响到土地利用的决策者；不同的土地利用决策产生相应的土地利用变化；土地利用变化导致的土地覆盖变化又通过各种途径反馈于驱动力，由此完成了"驱动力→土地利用决策者→土地利用变化→土地覆被变化→驱动力"的循环作用过程。

4.1.2 研究方法综述

土地利用变化驱动力研究是土地利用研究的重点部分，对土地利用变化驱动力的把握有利于揭示土地利用规律并为土地可持续发展提供依据。长期以来，国内外学者对城市土地利用变化的驱动机制进行了丰富而深入的讨论。驱动因子一般分为自然地理因子与人文社会因子两大类，自然地理因子是城市扩张的客观物理基础，自然条件决定了土地利用开发和社会发展的难度，也决定了土地利用变化的基本格局。自然地理因子短期内对土地利用变化的影响较为稳定，因而快速城镇化背景下的城市扩张往往受到人文社会因子的驱动作用更为明显，人文社会因子在城市扩张的时空过程中影响十分活跃。总结城市扩张驱动因子的相关研究，可以发现驱动因子大约分为自然因素、社会经济因素、交通区位因素以及政策因素等。

国内外学者对土地利用变化的驱动因子进行了详尽的归纳总结以及实证研究，研究尺度从全国尺度、区域尺度再到地方尺度。相关研究方法呈现出从简单到复杂，从关联分析到机理解释的发展趋势。传统相关性分析、主成分分析、因子分析方法逐渐被回归分析、聚类分析技术取代，人工神经网络等自适应智能方法亦逐步被用于城市扩张的驱动机制研究中。

4.1.2.1　国外研究现状

国外多通过提取现有数据和历史数据，运用多种数学统计模型对驱动力进行分析。土地利用变化驱动力主要包括自然驱动力和社会经济驱动力，Crow（1999年）利用各类自然驱动力对大尺度土地利用变化进行分析，而 Kasperson（1995年）通过对人文因素的选取对土地利用变化速度较快研究区进行解释和说明。土地利用变化驱动力模型的使用在国外是十分流行，并且国外学者多偏好将传统模型和现有创新模型相结合来使用。国外学者多利用主成分分析法、多元回归分析法和典型相关分析法，以系统动力学模型、Agent-base 模型和回归模型等进行统计分析。Gobin（2002年）利用回归模型对农用地变化原因进行剖析，并得出农用地减少的主要影响因素。Bakkera（2005年）利用回归模型对希腊土地利用变化中耕地减少的原因进行分析。而 Celia（2013年）利用传统的方法和创新的模型对研究区土地进行模拟，利用图像资源进行对比，然后对研究区驱动力变化进行合理分析和解释。国外学者通过传统方法和创新模型对土地利用变化驱动力进行分析，主要将土地利用变化驱动力分为自然驱动力和社会经济驱动力，且国外学者对大尺度即全球和国家范围区域研究较为集中。在驱动力研究结论方面，大部分学者认为经济发展和政策方向是影响土地利用变化的主要原因，另一部分学者认为生态脆弱大尺度区域的区域发展、地形因素、居民意识和科学技术对于土地利用变化起关键作用。国外土地利用变化及其驱动力研究进行较早，不管在技术和理论方面都相对成熟，但是对于小尺度具有一定代表性区域研究较少。

4.1.2.2　国内研究现状

国内学者探究影响土地利用变化主要驱动因子一般主要分析自然因素和社会经济因素这两个方面，但是不明显的自然因素变化只对土地利用变化起辅助作用，且主要利用高程、坡度和坡向进行分析，所以分析得出主要驱动力为人口增长、经济发展、人民经济水平的提高、区域政策、农业经济的发展、非农业人口的增加、第三产业的发展、农村居民人均消费支出增加、农业科技资金投入、城市化程度、技术水平和产业结构调整等。尤其以人口增长、经济发展和政策因素这三类为主要影响因子。以人口增长为主要驱动力，娄和震等（2014 年）认为人口的增长使得土地在时间和空间上都发生变化。而李凤霞等（2015 年）认为人口快速增长使得建设用地增加比如用于人们居住、办公、休闲娱乐的土地增加，导致耕地不断地减少，继而研究区土地利用结构发生了较大变化。经济发展驱动土地利用变化，秦富仓等（2016 年）认为经济发展，农民大量涌入城市，农村土地利用率低且建设用地会因为居住和生活工作原因增加，耕地会逐渐减少。政策制定和出台也会对土地利用变化产生巨大影响，马晴等（2014 年）认为政策大方向是会对土地利用结构产生影响。但是于海影等（2014 年）认为土地政策是土地利用变化最主要驱动力，政策导向会影响土地利用转化。目前国内学者利用定性定量方法对土地利用驱动力进行研究，主要将驱动力都集中于社会经济因素方面，但是关于丘陵和山地城市都会涉及自然因素研究。对于驱动力研究，一部分学者认为社会经济因素和政策因素是主要驱动力，但是另一部分学者认为丘陵城市应分析自然因素对土地变化的影响，尤其是地形因素所起的作用。而今大部分学者认为应结合自然环境因素、社会经济因素和政策因素进行综合分析。

4.1.3 地理加权回归模型

4.1.3.1 地理加权回归模型的定义

回归分析是统计学中最常用的分析模型之一，是指基于数据统计原理，对大量统计数据进行数学处理，建立一个相关性较好的回归方程（函数表达式），以此明确变量之间的相关关系的有效分析手段。多数研究者通常会在土地利用、气候变化等领域采用空间分析方法进行研究，多元线性回归、Logistic 回归等模型都是常见的分析方法。

1970 年，Tobler 提出了地理学第一定律"Everything is related to everything else, but near things are more related than distant things"，指出了地理空间对象及其属性特征在空间分布上的决定性特征，尤其随着空间距离增大，其关联作用程度衰减的规律。传统多元线性回归只能在全局或者平均意义上对参数进行估计，无法反映空间局部变化，而地理加权回归模型（Geographically Weighted Regression，GWR）

的提出则解决了回归分析中空间异质性的问题。

由 Brunsdon 等（1996 年）提出的 GWR 模型是一种有效处理回归分析中空间异质性现象的建模技术，GWR 技术将地理学第一定律深度融入局部空间统计方法，通过对独立抽样的分析点分别进行回归分析模型解算，得到与空间位置一一对应的空间回归系数，并依据回归系数在各地理位置处的估计值随空间的变化情况，对回归关系的空间异质性进行探索和分析。基础 GWR 模型一般可表达如下：

$$y_i = \beta_0(u_i, v_i) + \sum_{k=1}^{m} \beta_k(u_i, v_i) \, x_{ik} + \varepsilon_i \tag{4.1}$$

式（4.1）中，y_i 为在位置 i 处的因变量值；x_{ik}（$k = 1, 2, \cdots, m$）为在位置 i 处的自变量值；（u_i, v_i）为回归分析点 i 的坐标；$\beta_0(u_i, v_i)$ 为截距项；$\beta_k(u_i, v_i)$（$k = 1, 2, \cdots, m$）为回归分析系数。

4.1.3.2　地理加权回归模型的估计

在地理加权回归模型中，每个样本点都有其对应的回归参数，这些参数各不相同，为了减少估计的偏差采用加权最小二乘法对其进行估计，分别建立每个样本点 i 的目标函数，使其最小。公式为：

$$f(\beta_{i0}, \beta_{i1}, \cdots, \beta_{ip}) = \min \sum_{i=1}^{n} w_{ij} \left(y_j - \beta_{i0} - \sum_{k=1}^{p} \beta_{i0} x_{ik} \right)^2 \tag{4.2}$$

式（4.2）中，w_{ij} 为研究区域内第 i 个回归点与其他样本点 j 之间地理距离 d_{ij} 的单调递减函数。回归系数的最小二乘估值 $\beta_i = \beta_{i0}, \beta_{i1}, \cdots, \beta_{ip}$，地理加权回归的空间函数 $w_i = diag(w_{i1}, w_{i2}, \cdots, w_{in})$ 由此得第 i 个样本点的回归参数

$$\hat{\beta}_i = (X^T W_i X)^{-1} X^T W_i y \tag{4.3}$$

其中自变量 X、因变量 y 分别为

$$X = \begin{bmatrix} 1 & x_{11} & x_{12} & \cdots & x_{1p} \\ 1 & x_{21} & x_{22} & \cdots & x_{2p} \\ \vdots & \vdots & \vdots & & \vdots \\ 1 & x_{n1} & x_{n2} & \cdots & x_{np} \end{bmatrix} \quad y = \begin{bmatrix} y_1 \\ y_2 \\ \vdots \\ y_n \end{bmatrix} \tag{4.4}$$

得到第 i 个点上因变量的拟合值 $\hat{y}_i$ 为：

$$\hat{y}_i = X_i \hat{\beta}_i \tag{4.5}$$

观测向量 y 与拟合向量 $\hat{y}$ 之差即为残差向量 e，残差平方和用 RSS 表示，计算公式（4.6）所示

$$RSS = \sum_{i=1}^{n} e_i^2 \qquad (4.6)$$

误差方差的无偏估计 σ^2 为：

$$\sigma^2 = \frac{RSS}{n - 2tr(\beta) + tr(\beta^T\beta)} \qquad (4.7)$$

式（4.7）中 $2tr(\beta) + tr(\beta^T\beta)$ 是回归方程中的有效参数，$n - 2tr(\beta) + tr(\beta^T\beta)$ 称为回归方程的有效自由度。

4.1.3.3　空间权函数与带宽

地理加权回归模型的空间带宽是样本点所影响的空间范围，该范围以样本点为圆心，带宽为半径。Tobler（1970 年）的地理学第一定律中，与在空间距离上相隔更远的地理要素相比，空间上更加接近的地理要素的相关系更强，通过这一思想，在估计样本点 i 的回归系数时，对样本点的邻域给予更多的关注，通过选取连续单调递减函数来表示权重和距离之间的关系，最常用的核函数是距离倒数权，其计算公式为：

$$w_{ij} = \frac{1}{d_{ij}^a} \qquad (4.8)$$

式（4.8）中，d_{ij}^a 为样本点 i 和 j 之间的空间距离，w 为样本点 i 和 j 之间的权重值。a 为常数，当 a 的值为 1 时，对应的是距离的倒数，当 a 的值为 2 时，对应的是距离的倒数的平方。用该法取值核函数时，有时会出现回归点即为样本点的情况，因而导致相应的权重无穷大，但如果将该点删除，又会对模型的估算精度产生影响，因而该方法在地理加权回归模型的估计中并不是最优。

在地理加权回归模型中，由于每个样本点的位置各不相同，因此相对应的各个样本点的回归权重也是不断变化的，即每个点都有一个对应的权重矩阵，权函数的取值用于描述各因素对该样本点的影响，与观测点到样本点间的距离有关，间隔越大则权重越大，反之则小。地理加权回归模型中常用权重函数有两种：高斯函数和类高斯函数。高斯函数的数学表达式为：

$$w_{ij} = \exp\left(-\frac{d_{ij}^2}{h^2}\right) \qquad (4.9)$$

式（4.9）中 h 指带宽，即样本点所影响的空间范围，d_{ij} 指样本点到数据点之间的距离。如果给定带宽 h 的值，d_{ij} 越大，相对应的样本点权重则越小，即当 d_{ij}

足够大时，权重趋于 0，表示这些点对数据点的影响几乎为零。在实际的应用中，高斯函数通常采用固定的带宽 h，它是在均值和方差之间平衡的一个参数，如果带宽 h 过小，将致使回归系数估计的方差过大，而当 h 过大时，模型会趋向于全局模型。因此在实际运算中，为了提高计算效率，用类高斯函数代替高斯函数进行表示，公式为：

$$w_{ij} = \begin{cases} \left[1 - \left(\dfrac{d_{ij}}{h} \right)^2 \right]^2 & d_{ij} \leqslant h \\ 0 & d_{ij} > h \end{cases} \tag{4.10}$$

类高斯函数把距离较远的数据点截取掉，即截取对回归参数影响较小的数据点。通过指定样本点 i 的距离范围 h，以 h 为界，当数据点与样本点间的距离大于 h 时，权重为 0。

由此可得，在 GWR 模型中的带宽将对模型估计的准确性产生影响，回归系数的估计依赖于带宽的选择，常用方法有交叉确认（Cross Validation，CV）法和赤池信息（Akaike Information Criterion，AIC）准则法。

CV 法是由 Cleveland 于 1979 年提出的一种局域回归分析的方法，数学表达式为：

$$CV = \frac{1}{n} \sum_{i=1}^{n} \left[y_i - \hat{y}_{\neq 1}(b) \right]^2 \tag{4.11}$$

式（4.11）中，n 为样本点的数量，$\hat{y}_{\neq 1}(b)$ 是 y_i 的拟合值。

Brunsdon 和 Fotheringham 在 2002 年提出地理加权回归方法的 AIC 计算方法，数学表达式为：

$$AIC = 2\mathrm{nln}(\hat{\sigma}) + nln(2\pi) + n \left[\frac{n + tr(\beta)}{n - 2 - tr(\beta)} \right] \tag{4.12}$$

式（4.12）中，$\hat{\sigma}$ 为误差项估计值的标准差。

CV 法和 AIC 法都是代入不同的带宽，当 CV 或 AIC 值为最小时，对应的带宽值即为模型的最优带宽。

4.1.3.4 地理加权回归模型的解读

在带宽优选的基础上即可实现 GWR 模型求解。而 GWR 模型结果的解读需要关注模型诊断信息和结果可视化分析两个环节。GWR 模型诊断信息主要包括：①残差平方和（Residual Sum of Squares，RSS），反映模型预测精度；②R^2 或其调整版本（Adjusted R²），反映模型拟合优度（Good-ness of Fit，GoF）；③ AICc：综合反映 GWR 模型结果的 GoF 和模型复杂度。一般情况下，可将 GWR 模型的诊断统计量与对应一般线性回归分析结果进行横向对比，以观察 GWR 模型是否体现显著改进以及改进的程度。注意 AICc 值是针对特定建模过程的相对统计量，即针对同一套数据和同一个因变量，对应的 AICc 值才具有可比性。当 AICc 值变化大于 3 时，可认为模型结果之间具有的显著性不强（2002 年）。GWR 模型是关于位置的解算，也决定了其最典型的特点：结果可便捷地进行地图可视化。GWR 技术作为解释性工具被频繁应用，故利用地图对 GWR 模型结果的可视化解读是此类研究的关键，直观展示空间关系异质性特征（2005 年），对其空间变化结合地理含义进行准确解读。在目前 GWR 技术的应用过程中，多存在"重解算、轻解读"的问题，值得读者注意。

4.1.4　地理加权模型研究进展

4.1.4.1　国外研究进展

地理加权回归模型是空间分析研究中的一项新技术，海外研究代表人物包括 Brunsdon、Fotheringham、Charlton、Leung 等学者，其中 Brunsdon 等（1996）研究发现，全域性的回归模式会模糊我们关注的重点，且空间的变化无法用简单、固定的模型进行解释，随即提出了地理加权回归的概念，表示任何可以加上权重的模型都能够与空间结合以反映空间变化，空间属性的加入将成为未来统计学发展的主要方向；Fotheringham 等人于 2002 年出版《地理加权回归：空间变化关系的分析》一书，系统地阐释了地理加权回归模型的原理、参数选择和比较。

国外的应用研究早于国内，且已在多个领域广泛应用，如经济学、环境生态学等。在经济学方面，Farber S（2007 年）以 2000 年到 2001 年的多伦多房屋销售价格数据为例，研究不同局部模型的估计方法。Brunauer（2010 年）对奥地利住宅价格进行了研究，通过构建混合地理加权回归模型，探究了影响住宅价格的因素，并对其中某些影响因素的空间异质性进行了证明。生态环境等方面，Pineda（2010 年）以墨西哥的森林面积为对象，通过使用地理加权回归模型分析其降低的原因。

4.1.4.2　国内研究进展

地理加权回归方法的应用与研究在国内出现的时间并不长，伴随着关注的学者越来越多，其相关理论与研究也得到了广泛应用。覃文忠（2007 年）对地理加权回归模型的基本概念与数学形式进行了阐述，详细解释了模型中的带宽优化、核函数选择及模型假设检验等内容，并以上海市为例，对其住宅的销售价格进行了回归分析；玄海燕等（2011 年）深入探讨了 GWR 模型的拟合方法、权函数、窗宽等问题，检验了回归系数的平稳性与空间变化间的关系。伴随着相关理论的完善与研究的深入，我国学者逐渐采用地理信息科学（GIS）和统计模型相结合的研究方法，借助 GIS 技术强大的空间分析功能，使数据的空间变化趋势及空间相关性更直观地展现出来。

在 GWR 模型的理论、应用研究中，魏传华等（2006 年）对半参数空间变异系数回归模型进行了深入研究，并对拟合方法进行探讨，最终给出了两种拟合方法。罗罡辉（2007 年）将 GWR 模型引入城市地价的研究，结果显示住宅地价的影响因素在空间上呈现很大差异。陈强等引入地理加权回归模型用于评估土地利用对地表水质的影响，并验证了 GWR 模型在预测精度和处理空间自相关过程中优于普通线性回归模型。

地理加权回归模型这项创新回归技术已产生丰富的研究成果，并不断应用于多个领域的科学研究中，其在土地利用变化领域的应用价值可见一斑。

4.2 耕地变化指标体系

耕地利用作为人类改造自然的活动，受到自然、社会、经济、技术条件以及社会经济规律的制约，现有关于耕地变化的影响因子主要包括人口类指标、经济类指标、生活类指标、技术类指标、产业结构类等类别，充分挖掘这些因子与耕地变化的内在联系，能够为广东省制定耕地保护政策、平衡开发与保护的关系提供支持作用。

自然环境因素是耕地变化的客观基底条件，包含地形地貌、景观变化、水文过程、气候变化、生态环境等因素都约束着耕地利用基本格局。其中气温、降水等气候条件是关乎农业发展的必要因素，恶劣的种植条件往往造成耕地资源的不断流失。本研究分别选取广东省各区县年平均气温和年平均降水作为气候条件影响因素，选取植被覆盖度、水体面积占比作为生态环境影响因素。

社会人文因素在土地利用变化中的驱动作用往往更为活跃，人口的增长必然导致农产品需求增加，进而催生耕地非农化需求，此外人口结构的改变也是耕地变化的重要因素，本研究选取总人口、城镇人口、乡村人口规模与人口密度来表征人口因素；经济发展水平是耕地变化的主要外部动力之一，不同层次的发展水平主导着不同程度的耕地需求，本研究将地区生产总值、三次产业GDP作为经济发展水平的表征，同时利用人均GDP代表居民生活水平，借用财政赤字率来代表政府财政投入情况；耕地变化的重要转化形式表现为耕地的非农转化，城镇化的快速发展往往以侵占其他类型的土地资源来换取建设用地空间扩张，因此本研究还将考虑广东省各区县城镇化水平对耕地变化的影响，其中具体指标分别采用城镇化率、固定资产投资情况、人均建设用地面积以及路网密度；农业发展水平也是耕地变化影响的关键因素之一，粮食产量、农业机械化水平、耕地连片性都是影响耕作行为的重要因素。

　　本研究顾及自然环境和社会经济两个维度的影响作用，分别取自然环境要素中气候条件、生态环境两个层面，以及社会经济要素中人口规模、经济规模、城镇化水平以及农业发展共4个层面，共计6个层面的指标构建广东省耕地变化驱动因子指标体系，如表4.2所示。

表 4.2　广东省耕地变化驱动因子指标体系

第一层级	第二层级	指标名称
自然环境要素	气候地形	年平均气温
		年平均降水
	生态环境	植被覆盖度
		水体面积占比
社会经济要素	人口规模	年末总人口
		城镇人口
		乡村人口
		人口密度
	经济规模	地区生产总值
		第一产业 GDP 占比
		第二产业 GDP 占比
		第三产业 GDP 占比
		人均 GDP
		财政赤字率
		固定资产投资

续表

第一层级	第二层级	指标名称
社会经济要素	城镇化水平	城镇化率
		人均建设用地面积
		路网密度
	农业发展	粮食产量
		农业机械总动力
		耕地连片性

4.3 耕地变化回归分析

4.3.1 研究区及数据

本研究以全国"二调""三调"数据为基底,将广东省124个区县作为研究单元,挖掘并整合了各区县一系列自然环境指标以及社会经济指标,利用地理加权回归的分析手段探讨全省各区县 2009 年、2019 年两期时间的耕地变化驱动机制,并比较不同影响因子在时间上和空间上的分异规律。

其中部分气候数据来自全国温室数据系统中的站点数据,经插值后获得。社会经济统计数据来自《中国城市统计年鉴》《中国县域统计年鉴》《中国农村统计年鉴》《广东统计年鉴》以及各地市统计年鉴、国民经济与社会发展统计公报等。

2009—2019 十年间,全省耕地规模由"二调"时期的 3 798.33 万亩减少至"三调"时期的 2 852.87 万亩,共计减少 945.46 万亩,减少幅度高达 24.89%。具体来看,全省耕地面积减少较多,各地市均出现不同程度减少,清远市减少 128.07 万亩,为全省耕地面积减少最多的地级市,珠海市耕地面积减幅达到 63.80%,是全省耕地面积减幅最大的地级市。空间上,减少的耕地主要分布在粤西北山区的清远市、韶关市和梅州市,以及珠三角平原区的惠州市,和粤西沿海区的茂名市。

总体来说,2009—2019 十年间耕地资源流失严重,加强耕地保护迫在眉睫。

4.3.2　多重共线性检验

线性回归模型中的解释变量之间由于存在精确相关关系或高度相关关系,使得模型估计失真或难以估计准确的现象叫作多重共线性。一般来说,由于经济数据自身关联性的限制,导致设计矩阵中解释变量间存在普遍的相关关系。完全共线性的情况并不多见,一般出现的是在一定程度上的共线性,即近似共线性。

科学的线性回归模型中,各自变量关系应该各自独立。适度的多重共线性对回归模型结果影响不大,但当出现严重共线性问题时,会导致分析结果不稳定,甚至出现回归系数的符号与实际情况完全相反的情况。本应该显著的自变量不显著,本不显著的自变量却呈现出显著性,这种情况下就需要消除多重共线性的影响。

解决模型指标多重共线性的办法通常有二,其一是通过扩大实验样本达到稀释误差的效果,其二是通过剔除影响较大的共线性指标来实现共线性的消除。实验发现,本研究原拟定指标中部分自变量存在一定的多重共线性,考虑到本研究实验样本数固定,故选择提出问题指标后重新构建科学可行的指标体系(表4.3)。

表4.3　广东省耕地变化驱动因子指标体系(消除共线性影响)

第一层级	第二层级	指标名称
自然环境要素	气候条件	年平均气温
		年平均降水
社会经济要素	人口规模	乡村人口
		人口密度
	经济规模	第一产业 GDP 占比
		第三产业 GDP 占比
		财政赤字率
		固定资产投资
	城镇化水平	人均建设用地面积
		路网密度
	农业发展	粮食产量
		农业机械总动力

4.3.3　空间自相关分析

空间自相关性是指地表上的事物和现象在空间上都是互相关联的，距离越近的事物则关联程度强，随着距离增大，关联程度随之变弱。因此，在进行 GWR 建模之前对自变量进行空间相关性分析是有必要的。

空间自相关分析重点主要是对变量在研究区内是否存在集聚效应进行判断，常用到的方法是通过 Moran's I 测试结果进行假设检验。变量的 Moran's I 指数的值一般在 –1 和 1 之间。若 Moran's I 越接近 1，说明变量的属性值存在高度空间集聚；反之，若 Moran's I 接近 –1 则说明变量的属性值存在明显差异；当 Moran's I 接近 0 时，样点在研究区随机分布。一般在进行假设检验时，零假设 H_0 为变量不存在空间自相关性，利用 Moran's I 测试结果提供的可信度判定是否拒绝零假设，从而判定自变量是否存在空间自相关性。

本研究利用 ArcGIS 软件中 Spatial Autocorrelation（Moran's I）工具进行 GWR 模型自变量的空间自相关性分析，分析结果如表 4.4、表 4.5 所列。

表 4.4　2009 年广东省耕地变化回归模型 Moran's I 测试结果

NO	指标名称	Moran's I	Z score	P value
1	年均气温	0.55	8.40	0.00
2	年均降水	1.28	19.15	0.00
3	乡村人口	0.37	5.61	0.00
4	人口密度	1.15	19.97	0.00
5	第一产业 GDP 占比	0.66	9.99	0.00
6	第三产业 GDP 占比	0.54	8.23	0.00
7	财政赤字率	0.50	7.69	0.00
8	固定资产投资	0.65	10.63	0.00
9	人均建设用地面积	0.40	6.24	0.00
10	路网密度	0.89	13.55	0.00
11	粮食产量	0.52	7.91	0.00
12	农业机械总动力	0.18	2.95	0.00

表 4.5　2019 年广东省耕地变化回归模型 Moran's I 测试结果

NO	指标名称	Moran's I	Z score	P value
1	年均气温	0.55	8.40	0.00
2	年均降水	1.28	19.15	0.00
3	乡村人口	0.37	5.61	0.00
4	人口密度	1.31	21.86	0.00
5	第一产业 GDP 占比	0.62	9.38	0.00
6	第三产业 GDP 占比	0.32	4.90	0.00
7	财政赤字率	0.60	9.17	0.00
8	固定资产投资	0.65	10.06	0.00
9	人均建设用地面积	0.70	10.65	0.00
10	路网密度	0.70	10.80	0.00
11	粮食产量	0.52	7.93	0.00
12	农业机械总动力	0.25	3.97	0.00

Moran's I 测试结果显示，两个模型所有自变量 Moran's I 值均大于零，P 值全部小于 0.05，故拒绝零假设（零假设为变量之间没有空间自相关性），所有自变量均存在一定的空间自相关性。同时，上述自变量 Z 值均为正，更说明自变量的空间分布具有较强的空间集聚特征，因此 2009 年广东省耕地变化影响因素回归模型与 2019 年广东省耕地变化影响因素回归模型所选取的自变量指标均符合建立 GWR 模型的条件。

4.4　耕地变化驱动机制

4.4.1　全局回归分析

利用多元线性回归模型探索各个自变量指标在全局上与耕地面积的相关关系，回归结果如表 4.6 所列。

表 4.6　多元线性回归分析结果

指标	2009 年耕地面积		2019 年耕地面积	
	回归系数	显著性	回归系数	显著性
年平均气温	-0.12^{**}	0.006	-0.106^{*}	0.014
年平均降水	0.083^{*}	0.024	0.067^{*}	0.012
乡村人口	0.325^{***}	0.000	0.238^{***}	0.001
人口密度	-0.064^{*}	0.026	-0.062^{*}	0.021
第一产业 GDP 占比	0.013	0.064	0.009	0.075
第三产业 GDP 占比	-0.017^{*}	0.046	-0.012^{*}	0.044
财政赤字率	-0.086^{*}	0.045	-0.032^{*}	0.012
固定资产投资	-0.039	0.093	-0.062	0.071
人均建设用地面积	-0.127^{**}	0.007	-0.168^{***}	0.001
路网密度	-0.072^{*}	0.014	-0.012^{*}	0.048
粮食产量	0.292^{***}	0.001	0.260^{***}	0.001
农业机械总动力	0.222^{***}	0.000	0.340^{***}	0.000
R^2	0.8720		0.8820	
Adjusted R^2	0.8570		0.8680	
Residual Squares	0.6260		0.4960	

注：*** 表示显著性水平为 $P < 0.001$；** 表示 $P < 0.01$；* 表示 $P < 0.05$。

　　由上述结果可知，基于普通最小二乘的多元线性回归模型拟合效果较好，两个模型 R^2 分别为 0.8720 和 0.8820，证明了指标体系设计的合理性，能较好地解释因变量的变化情况。除第一产业 GDP、固定资产投资两项指标外，其他各解释变量 P 值均小于 0.05，说明这些自变量指标对因变量的影响是显著的，而第一产业 GDP 占比和固定资产投资在耕地面积变化上影响作用不显著。

　　2009 年耕地变化影响因子回归系数显示，气候条件中的气温因素与耕地面积呈负相关关系，降水因素则与之呈正相关关系，主要是因为气温和降水是影响种植业发展的关键因素，耕地面积变化在气候因素上的响应也较为敏感。广东省气候类型为亚热带季风气候，平均气温总体偏高，若气温进一步上升则会对水稻等作物带来授粉失败、空粒等危害，同时干旱少雨的气候条件同样会对以水田为主的广东省耕地结构造成冲击；人口规模中乡村人口与耕地面积呈正相关关系，而人口密度则与之呈负相关关系，主要是因为乡村人口的增长能够为农业发展带来劳动力，一定程度上对耕地开垦和利用具有正向作用，相反地，如果人口密度过大则会大量增加住房需求和用地建设的需求，耕地的非农转化情况将会加剧；经济规模中第三产业 GDP 占比、财政赤字率均与耕地面积变化呈负相关关系。第三产业 GDP 的增加则意味着商服用地等建设用地的需求增加，会进一步加剧建设用地对耕地资源的侵占；另外，财政赤字率代表着政府在城镇空间开发利用的力度，而城镇空间的扩张往往就会造成对农业空间和生态空间的挤压；代表广东省城镇化水平的人均建设用地面积和路网密度两项指标也说明了同样的问题，《国家新型城镇化规划（2014—2020）》对人均城市建设用地面积提出了严格的约束要求，目的是为了减少城镇空间的无序扩张，加强土地节约集约利用，而路网密度的提高同样是交通运输用地增长的表现，加上农村道路用地的建设，同样对耕地资源构成威胁；粮食产量和农业机械总动力两项指标均指代农业发展的产能和效益，与耕地面积呈正相关关系，这意味着促进农业发展、提高农业生产效率，同样是加强农业生产投入、刺激农民务农意愿、保护耕地资源的重要手段。

2012 年 11 月，党的十八大从新的历史起点出发，作出"大力推进生态文明建设"的战略决策。2015 年 5 月 5 日，《中共中央国务院关于加快推进生态文明建设的意见》发布，我国生态文明建设迈上新台阶。在新时代生态文明建设的要求下，广东省不断优化土地开发利用方式，优化国土空间开发格局，加大耕地保护和生态保护力度。经过十年科学技术发展和土地开发利用方式的转变，各项自变量指标对广东省耕地面积变化的影响程度也发生了一定的变化。2019 年广东省耕地变化影响因子回归系数中，气候、人口等因子回归系数出现一定程度的下降，经济规模、城镇化水平和农业发展水平对耕地面积变化的影响有所提升。财政赤字率与耕地面积变化的负相关关系减弱，是因为在优化国土空间格局的要求下，政府层面加大了推动耕地保护和约束城镇空间扩张的投入，使得耕地非农转化难度增大；农业机械化水平对耕地面积变化影响变大则说明农业科技力量在推动农业发展和耕地保护上发挥了重要作用；值得注意的是人均建设用地面积这项指标与耕地面积变化的负相关程度也有所提升，这说明尽管城镇空间扩张的约束加强，但其带来的耕地侵占危害依然明显，需要进一步加强新增建设用地的管控以及建设用地开发利用效率的提升。

4.4.2　地理加权回归分析

由于全局线性回归无法反映自变量在空间上的分异特征，因此需要建立地理加权回归模型来进行解释。

4.4.2.1　模型拟合效果

统计学中通常利用 R^2 或调整 R^2（Adjusted R^2）作为度量回归拟合度的统计量，其值越高表示因变量对自变量的解释度越强，本研究构建的两个 GWR 回归模型拟合效果如表 4.7 和表 4.8 所列。

表 4.7　2009 年广东省耕地变化回归模型拟合效果对比

模型拟合参数	普通线性回归	地理加权回归
R^2	0.8720	0.8881
Adjusted R^2	0.8570	0.8660
Residual Squares	0.6260	0.5474

表 4.8　2019 年广东省耕地变化回归模型拟合效果对比

模型拟合参数	普通线性回归	地理加权回归
R^2	0.8820	0.9098
Adjusted R^2	0.8680	0.8886
Residual Squares	0.4960	0.3773

2009 年广东省耕地变化 GWR 回归模型 R^2 为 0.8881，处于较高的回归拟合水平，高于普通线性回归 R^2，残差平方和低于普通线性回归拟合结果；2019 年广东省耕地变化 GWR 回归模型 R^2 为 0.9098，高于普通线性回归的 0.8820，且残差平方和 0.3773 低于普通线性回归的 0.4960。上述模型拟合结果均证明了本研究构建的两个模型中解释变量能较好地解释因变量的变化水平，同时两个 GWR 模型的整体拟合效果均优于普通线性回归。

接下来本文将阐释各自变量回归系数的空间分异特征。

4.4.2.2　驱动机制分析

（1）气候条件

1）年平均气温。从空间上看，2009 年耕地变化回归结果中气温因素在粤东、粤北地区对其耕地面积变化有较强的负向影响，高温条件会给当地耕地保护带来阻力，而西南方向的茂名、湛江等地区气温对耕地面积变化的负面影响显著小于粤东、粤北。2019 年回归系数的变化更为明显，粤西地区高温条件反而有利于当地农业生产，对耕地面积变化有着显著正向作用，如图 4.1 所示。究其原因可知，气温因素对耕地面积的影响体现在农作物种植条件上，不同类型作物对气温有着不同需求。广东省种植业产品以水稻、甘蔗、蔬菜为主，其中水稻种植空间分布广泛，湛江、茂名两市水稻种植面积最大；甘蔗产地以粤北韶关、清远为主。主要农产品中水稻等作物的种植条件往往要求充足光照和热量，在较高气温环境下有利于胚芽和幼苗生长，而甘蔗等糖蔗作物的适宜种植气温在 20~30℃左右，温度过高则会抑制种子萌发。粤西地区过去十年间加大了农业力量投入，因而气温条件成为了促进粤西地区耕地面积增长的正向因素。

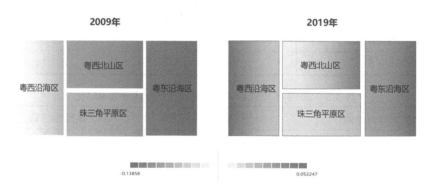

图 4.1　年平均气温回归系数空间分异特征

　　2）年平均降水。降水条件是农业生产极其关键的因素之一。从回归系数空间分布来看，降水条件在粤东、粤北地区与当地耕地面积有着较为强烈的正向相关关系，而西南方向的粤西地区的正向作用则稍弱于东部、北部区域。2019 年回归系数空间特征显示，全省各地区降水条件对耕地面积变化的影响程度总体有所下降，粤西地区更为明显，如图 4.2 所示。降水条件对耕地面积变化的影响同样与农作物种植条件息息相关，广东省主要气候类型为亚热带季风气候，相关作物的种植环境也以高温高湿为宜，其中水稻、蔬菜等作物对水资源富集程度均有较大需求，越是水资源缺乏的地区，降水因素对其耕地面积变化影响越大。从全省水资源空间分布情况来看，江门、湛江、肇庆等市水资源较为富集，能够为耕地上水稻种植以及其他作物种植提供充足的水分条件，而粤东潮汕地区水资源总量在全省处于末位，因而粤东地区降水条件成为了影响耕地面积变化的关键因素之一。随着现代农业灌溉技术的进步，降水条件对农业生产的影响作用逐渐减小，有了灌溉保障，作物种植也就有了质量保证，因而 2019 年全省范围内各地市降水因素对当地耕地面积变化的影响程度均出现一定程度的下降。

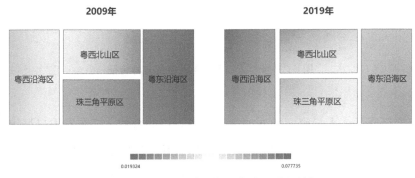

图 4.2　年平均降水回归系数空间分异特征

（2）人口规模

1）乡村人口。乡村人口的增长往往会为农业发展增加劳动力，进而促进第一产业的发展，创造更高的经济效益，这对于耕地开垦、耕地保护无疑是利好的。地理加权回归的结果同样显示乡村人口在全省范围各区县均与耕地面积呈正相关关系，但空间上存在一定差异，如图 4.3 所示。2009 年耕地面积变化回归结果表明，粤北地区乡村人口的增加对耕地面积的正向影响较大，珠三角区域次之，而粤东潮汕地区、粤西湛江茂名等市正向影响较小。一般来说越是地广人稀的地区，人口因素对土地的影响越大，粤北山区人口密度小，耕地可增长空间大，因而在乡村人口增长的刺激下能够在用地面积上有显著的反馈；珠三角地区人口密度高，但可调整地类面积大，因此在乡村人口增长的情况下，仍可实现耕地面积的增长；而粤东潮汕地区受地形等自然条件影响，耕地后备资源极其有限，即便乡村人口得到增长，其耕地增长空间也十分有限；茂名、湛江等市与潮汕地区情况类似，同样存在人口密度高于北部山区，耕地后备资源少于北部山区的情况。随着近十年全省城镇化水平越来越高，乡村人口占总人口比重越来越少，其对耕地面积的影响权重也出现普遍下降的情况。

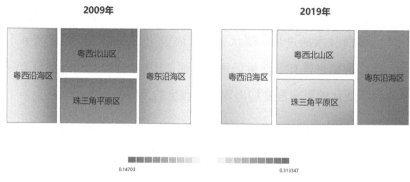

图 4.3　乡村人口回归系数空间分异特征

2）人口密度。人口密度的增加意味着总人口的增加，广东省人口城镇化率水平较高，处于全国前列，人口的增加意味着城镇人口会出现较大增长，由此带来的住房需求、产业发展需求、公建配套需求等等都不可避免地会刺激建设用地扩张，进而对耕地面积造成威胁。从人口密度对耕地变化的影响关系来看，全省各区县人口密度的增加均会导致耕地面积的减少，而负向影响空间分异特征显示，珠三角地区负向影响程度较高，而外围的北部山区、粤东地区、粤西地区人口密度对耕地面积负向影响均较小，如图 4.4 所示。这一空间分异特征与全省城镇化水平的空间分异特征基本相同，在城镇化水平最高的珠三角地区，人口密度的增加则意味着城镇人口的大幅增加，这势必会导致城镇空间对农业空间的挤压，而外围地区尽管同样会受到挤压，但其负向影响程度相对弱于珠三角地区。受制于基本农田保护和国土空间基本格局的约束，近年来耕地的非农转化难度显著增加，人口密度这一要素对耕地面积的负向影响程度普遍下降。

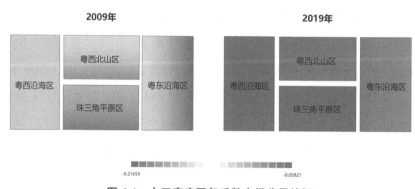

图 4.4　人口密度回归系数空间分异特征

（3）经济规模

1）第三产业 GDP 占比。第三产业 GDP 占比所指代的是经济发展的产业结构。随着城市发展、产业结构不断升级优化，第三产业势必会占据 GDP 中的主要份额，而第三产业的发展离不开商业服务业用地、公共管理与公共服务用地等建设用地的扩展。第三产业的用地需求一方面来自城镇空间内部未利用地的开发、工业用地的腾退，另一方面则来自对农业空间或生态空间的侵占，因此第三产业 GDP 占比与耕地面积是存在一定负相关关系的，这一点在 GWR 模型的回归系数空间分异上也有体现，如图 4.5 所示。从空间上来看，第三产业 GDP 占比这一因子对耕地的影响在全省范围内呈圈层分布，其中珠三角区域负向影响较小，而外围区域尤其是粤东和粤西地区负向影响较大，主要是因为珠三角地区产业结构上本身就以第二产业、第三产业为主，在进行产业升级改造的时候能够将大量的工业用地进行腾退和改造，加上城市建设的存量规划要求提高城镇空间的土地节约集约利用效率，珠三角城市能够优先向城镇内部要空间，而非主要通过侵占农业空间来满足产业用地需求。相反，在产业结构中第一产业占比较高的粤西地区，城市扩张的模式仍以向外扩张为主，粤东潮汕地区也同样处于城镇空间粗放扩张的发展阶段。经过十年的高速发展，全省产业结构得到优化，第三产业在经济结构中的占比已经达到 55.5% 的新高度，城市发展方式得到转变，越来越多的地区从粗放扩张转型为集约利用，在空间上的反馈则表现在第三产业 GDP 占比这一指标对耕地保护的负相作用得到减小。

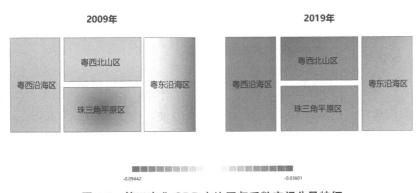

图 4.5　第三产业 GDP 占比回归系数空间分异特征

2）财政赤字率。财政赤字率是指财政支出超过财政收入的部分的所占比例，意味着政府"花"的钱超过了"挣"到的钱。赤字比率高低表明的是政府在一定时期内动员社会资源的程度，反映了财政配置工具对经济运行的影响。一般来说，较高财政赤字率可以一定程度上说明地方政府的财政力量在产业发展、基础设施建设等领域有着较多的投入。从 GWR 模型回归结果来看（图 4.6），粤东地区财政赤字率对耕地面积变化负向影响较大，而粤西地区的负向影响较小，主要是因为全省各城市产业结构和城市定位存在差异，粤西地区农业发展条件好、产出效益高，而中部地区产业发展以第二产业、第三产业为主，粤东地区则由工业主导，因此在政府动用财政力量扶持产业发展和城市建设时，第二产业、第三产业占比超九成以上的粤东地区和珠三角地区在城镇空间建设投入更多，并在一定程度上造成了对农业空间的挤压。在耕地面积广阔、农业产值占比高的粤西地区，农业发展同样承接了一定的财政扶持，因此财政投入对耕地面积的负向影响得到缓冲。得益于十年高质量发展和政府层面城市建设理念的转变，2019 年财政赤字率对耕地面积的负向影响普遍下降。

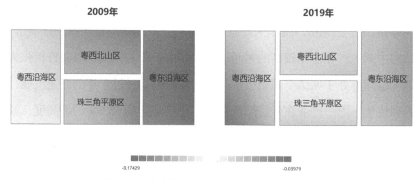

图 4.6 财政赤字率回归系数空间分异特征

（4）城镇化水平

1）人均建设用地面积。人均建设用地面积是践行耕地保护工作、促进城市土地节约集约利用、约束城市无序蔓延的重要指标，由于长期"摊大饼"式发展，城市土地闲置严重，目前我国城镇居民人均用地面积早已超过国家关于城市规划建设用地目标 30% 左右。对人多地少、优质耕地稀缺的我国来说，城市外延式扩张已成为国情不堪承受之重。人口数量与建设用地面积应当有着良好的适配关系，人均建设用地面积越多，意味着城镇空间土地集约利用水平越低，而人均建设用地面积的增长则意味着城市继续蔓延，势必会侵占耕地资源，只有人均建设用地得到控制，才能消除对耕地的威胁。GWR 回归结果显示（图 4.7），全省范围内人均建设用地面积对耕地面积的负向作用在粤东地区、珠三角地区作用较小，而粤西地区负向影响较大，这一特征与全省后备耕地资源空间分布较为相似，粤东地区空地增量空间小，城市外扩阻力大，而珠三角区域由于城市发展阶段正逐步转变为向内部要空间，通过城市更新、产业转型等手段解决建设用地面积问题。粤北、粤西地区产业结构相对落后，后备耕地资源相对丰富，因此城市蔓延对耕地侵占的情况相对严重，负相作用较大。随着耕地保护与管理意识的加强和城市发展方式的转变升级，城市蔓延现象逐步得到控制，城镇空间土地利用得以盘活，全省中西部地区人均建设用地面积对耕地的负相作用均减小，珠三角地区以及部分粤北地区减小最为显著。

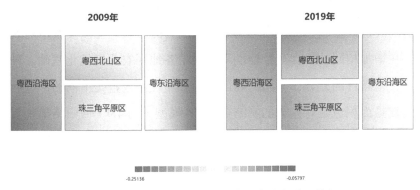

图 4.7　人均建设用地面积回归系数空间分异特征

2）路网密度。路网密度直观反映了交通运输用地面积变化情况。提高路网密度一方面会带来交通运输用地面积的增长需求，另一方面也将由于道路通达情况的提升致使城镇空间内部利用效率提高，使得城镇空间内部结构更为紧凑。GWR回归模型图 4.8 结果中，路网密度对耕地面积变化影响的作用空间分异特征显著，其中粤北、粤东、粤西三个地区路网密度的提升均会造成对耕地资源侵占的威胁，而珠三角区域路网密度对耕地面积的负向作用较小。随着城镇化水平的提高，城镇发展方式得到转变，以珠三角地区为代表的城市不断提高自身城镇空间土地利用效率，增强城市内部的紧凑性，其路网密度对耕地面积的作用转变为正向促进，即道路通达度的提升在促进城市内部整合集约发展的同时也起到了耕地保护的效果。粤东、粤北、粤西等地区路网密度对耕地保护的负向作用也逐渐减小，整体趋势正逐步向珠三角地区看齐。

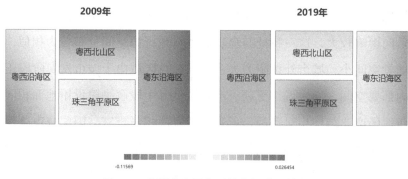

图 4.8 路网密度回归系数空间分异特征

（5）农业发展

1）粮食产量。粮食产量是农业发展产出效益的直观体现，粮食产量越高，则说明创造的经济效益越大，进而更能刺激劳动力的务农意愿以及城市对农业发展的投入。在增加相同的粮食产量标准下，由于各地区农业机械化基础、种植水平以及粮食种植条件的差异，不同区域创造的农业经济效益是不同的，进而所能刺激的耕地复垦面积也是有差异的。结合 GWR 模型（图 4.9）回归结果来看，粮食产量对耕地面积的增长具有较为显著的正向促进作用，其中粤东地区正向作用较为明显，而粤西地区则相对弱一些，造成此种差异的原因在于粤西地区属于传统农业优势区，种植业发达、机械化作业水平高、单位农业产能在全省处于领先地位，以致增加相同单位的粮食产量需要的耕地资源较少。相反，在中东部地区受制于用地规模、耕作条件等的影响，农业基础落后于粤西，要增加同样的粮食产量则需要开发利用更多的耕地资源。经过十年的发展进步，粤西地区农业基础进一步夯实，产业蓬勃发展，创造等量的粮食产量所需要的耕地资源进一步减少，

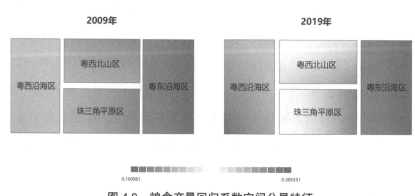

图 4.9 粮食产量回归系数空间分异特征

124

而由于渔业才是潮汕地区第一产业中的优势产业，其农业发展重心逐步向渔业转移，粤西地区想要提高当地粮食产量仍需要开发较多耕地资源。

2）农业机械总动力。农业机械总动力是反映地区农业现代化、机械化的重要指标，农业现代化水平越高则意味着单位耕地资源产出效能越高。在增加相同农业机械总动力的条件下，各区县原有农业基础越好、生产效能越高，则所能创造的经济效益越大，进而对劳动力务农意愿和政府财政扶持产生正向的刺激作用，并由此形成良性循环，促进农业发展。基于上述分析可以得知，农业机械总动力对于农业基础好、产能高的地区有着更强烈的正向刺激作用，而种植业发展基础相对薄弱的地区，其正向作用则相对弱一些。结合 GWR 回归模型（图 4.10）结果来看，全省范围内农业机械总动力总体与耕地资源呈正相关关系，其中粤西地区正向作用较为强烈，该作用由西南向东北逐级递减，这一空间分异特征印证了本研究上述观点。粤东和粤北地区受制于地形条件和历史农业生产基础，机械化水平相对落后于粤西地区，投入等量的农业机械总动力所创造的农业生产效益将小于农业较为发达的粤西地区。2019 年耕地面积变化 GWR 模型回归结果则显示，经过十年发展，农业机械总动力这一指标对耕地的正向作用在全省范围内均得到了一定程度的提升，这意味着农业的现代化、机械化发展道路是推动耕地开发利用和保护的有效途径。

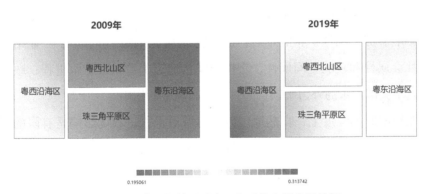

图 4.10　农业机械总动力回归系数空间分异特征

第五章　建设用地变化驱动机制分析

5.1　建设用地变化指标体系

城市土地利用变化是复杂地理变化过程，无法通过单一要素的驱动来剖析其内在机制和相互作用。为有效缓解快速城镇化过程中造成的城镇空间无序扩张、用地冲突等问题，保障粮食安全和生态安全，促进城市用地的节约集约利用，亟须对城市用地扩张的多因素驱动机制进行细致挖掘和深刻认识，才能更好地制定政策来指导科学合理的城市扩张和城镇化进程。

现有研究中有关城市扩张的驱动因素研究已十分丰富，通常包含自然地理因素、交通区位因素、社会经济因素以及政府决策因素。不同类别的因素在城市建设用地变化的驱动过程中作用大小各不相同，自然条件如地形、水文、气候等条件对城市扩张具有明显的限制作用，但此类因素同时具有不易改变的特点；交通区位因素诸如高速公路、铁路等线状地理要素往往是城市发展的线路依托，较大程度上影响着城市用地扩张的难易；社会经济因素诸如经济总量、产业结构等具有较强社会属性和较弱空间属性，直接或间接地影响着城市扩张进程；政府决策因素则属于城市扩张的外力干预，起着管理和调整的作用。

在较短的时间维度上，自然地理因素对城市扩张进程的影响是有限的，而社会人文因素发挥着更大作用。本研究综合多项研究成果，选择自然环境、人口规模、经济规模、居民生活和城镇化水平共 5 个层面构建了 2009 年广东省建设用地变化 GWR 回归模型及 2019 年广东省建设用地面积变化 GWR 回归模型，以探讨广东省城市扩张进程的内在驱动机制。

自然环境条件形成并约束着城市扩张的基本格局，本研究选择年平均气温、年平均降水、平均高程等指标来表征城市扩张的自然环境影响因子；人口的快速增长随之带来的是巨大的住房需求，在加速房地产业发展的同时也对社会交通、娱乐、商务、消费和公益等基础设施提出了要求，刺激了建设用地的扩张，本研究选取人口密度为人口规模指标的表征；经济发展水平是城市建设用地扩张的主要外部动力之一，不同层次的发展水平主导着不同程度的用地需求，与此同时，产业结构的调整也会刺激城市建设用地的增加，随着第一、第二产业比重的下降、第三产业比重上升，城市用地格局也将随之发生改变，本研究将第一、二、三产业 GDP 以及固定资产投资作为经济发展水平的表征，而选取人均 GDP 来表达经济发展水平的质量，选取财政赤字率来反映政府财政投入的力量；此外，居民生活品质的提升、城镇化水平的发展，都在不断催生着城市快速发展的空间需求，本研究选取社会消费品零售总额作为居民生活品质的表达，选取城镇化率、路网密度作为城镇化水平的反映，如表 5.1 所列。

表 5.1　广东省建设用地变化驱动因子指标体系

第一层级	指标名称
自然环境	年平均气温
	年平均降水
	平均高程
人口规模	年末总人口
	城镇人口
	农村人口
	人口密度
经济规模	地区生产总值
	第一产业 GDP 占比
	第二产业 GDP 占比
	第三产业 GDP 占比
	人均 GDP
	财政赤字率
	固定资产投资
居民生活	社会消费品零售总额
	城镇居民可支配收入
城镇化水平	城镇化率
	路网密度

同样的，建设用地面积变化线性回归模型中各自变量需要经过多重共线性检验才能消除由于统计数据自身局限性造成的回归误差。考虑到本研究实验样本固定，无法通过增加样本的方式来稀释误差，故选择提出共线性严重的相关自变量指标，获取科学合理的指标体系，如表 5.2 所列。

表 5.2　广东省建设用地变化驱动因子指标体系（消除共线性影响）

第一层级	指标名称
自然环境	年平均气温
	年平均降水
	平均高程
人口规模	人口密度
经济规模	人均 GDP
	第一产业 GDP 占比
	第三产业 GDP 占比
	财政赤字率
	固定资产投资
居民生活	社会消费品零售总额
城镇化水平	城镇化率
	路网密度

5.2　建设用地变化回归分析

5.2.1　研究区及数据

本研究同样以全国"二调""三调"数据为基底，将广东省 124 个区县作为研究单元，挖掘并整合了各区县一系列自然环境指标以及社会经济指标，利用地理加权回归的分析手段探讨全省各区县 2009 年、2019 年两期时间的建设用地变化驱动机制，并比较不同影响因子在时间上和空间上的分异规律。

其中气候数据来自全国温室数据系统中的站点数据，经插值后获得，高程数据来自地理空间数据云。社会经济统计数据来自《中国城市统计年鉴》《中国县域统计年鉴》《中国农村统计年鉴》《广东统计年鉴》以及各地市统计年鉴、国民经济与社会发展统计公报等。

5.2.2　空间自相关分析

本研究利用 ArcGIS 软件中 Spatial Autocorrelation（Moran's I）工具进行 GWR 模型自变量的空间自相关性分析，分析结果如表 5.3，表 5.4 所列。

表 5.3　2009 年广东省建设用地变化回归模型 Moran's I 测试结果

NO	指标名称	Moran's I	Z score	P value
1	年均气温	0.55	8.40	0.00
2	年均降水	1.28	19.15	0.00
3	平均高程	0.60	9.11	0.00
4	人口密度	1.15	19.97	0.00
5	人均 GDP	0.95	15.22	0.00
6	第一产业 GDP 占比	0.66	9.99	0.00
7	第三产业 GDP 占比	0.54	8.23	0.00
8	财政赤字率	0.50	7.69	0.00
9	固定资产投资	0.65	10.63	0.00
10	社会消费品零售总额	1.02	15.78	0.00
11	城镇化率	0.40	6.24	0.00
12	路网密度	0.89	13.55	0.00

表 5.4　2019 年广东省建设用地变化回归模型 Moran's I 测试结果

NO	指标名称	Moran's I	Z score	P value
1	年均气温	0.55	8.40	0.00
2	年均降水	1.28	19.15	0.00
3	平均高程	0.60	9.11	0.00
4	人口密度	1.31	21.86	0.00
5	人均 GDP	1.06	16.24	0.00
6	第一产业 GDP 占比	0.62	9.38	0.00
7	第三产业 GDP 占比	0.32	4.90	0.00
8	财政赤字率	0.60	9.17	0.00
9	固定资产投资	0.65	10.06	0.00

续表

NO	指标名称	Moran's I	Z score	P value
10	社会消费品零售总额	0.82	13.33	0.00
11	城镇化率	0.70	10.65	0.00
12	路网密度	0.70	10.80	0.00

Moran's I 测试结果显示，两个模型所有自变量 Moran's I 值均大于零，P 值全部小于 0.05，故拒绝零假设（零假设为变量之间没有空间自相关性），所有自变量均存在一定的空间自相关性。同时，上述自变量 Z 值均为正，更说明自变量的空间分布具有较强的空间集聚特征，因此 2009 年广东省建设用地变化影响因素回归模型与 2019 年广东省建设用地变化影响因素回归模型所选取的自变量指标均符合建立 GWR 模型的条件。

5.3 建设用地变化驱动机制

5.3.1 全局回归分析

利用多元线性回归模型探索各个自变量指标在全局上与建设用地面积的相关关系，回归结果如表 5.5 所列。

表 5.5 多元线性回归分析结果

指标	2009 年建设用地面积		2019 年建设用地面积	
	回归系数	显著性	回归系数	显著性
年平均气温	0.122	0.210	0.030	0.747
年平均降水	0.042	0.552	0.096	0.180
平均高程	−0.399***	0.000	−0.352**	0.002
人口密度	0.527***	0.000	0.301**	0.002
人均 GDP	0.217*	0.023	0.102*	0.021
第一产业 GDP 占比	−0.016	0.088	−0.037	0.713
第三产业 GDP 占比	0.045*	0.031	0.025*	0.045
财政赤字率	−0.01	0.903	−0.113	0.220

指标	2009 年建设用地面积		2019 年建设用地面积	
	回归系数	显著性	回归系数	显著性
固定资产投资	0.375**	0.002	0.435***	0.000
社会消费品零售总额	0.464***	0.001	0.394***	0.001
城镇化率	0.426***	0.000	0.502***	0.000
路网密度	−0.066	0.420	−0.079	0.350
R^2	0.6140		0.6470	
Adjusted R^2	0.5720		0.6090	
Residual Squares	1.3520		0.9990	

注：*** 表示显著性水平为 $P < 0.001$；** 表示 $P < 0.01$；* 表示 $P < 0.05$。

由上述结果可知，基于普通最小二乘的多元线性回归模型拟合效果基本满足建模需求，两个模型 R^2 分别为 0.6140 和 0.6470，能够解释因变量的变化情况。从显著性上来看，两个模型中平均高程、人口密度、人均 GDP、第三产业 GDP 占比、固定资产投资、社会消费品零售总额以及城镇化率共 7 个解释变量通过了显著性检验，而气候条件因素、第一产业 GDP 占比、财政赤字率以及路网密度等解释变量对建设用地面积变化的影响不显著。

由 2009 年广东省建设用地面积变化影响因子回归系数可知，平均高程与建设用地面积呈显著负相关关系，主要是因为自然条件构成并约束着城市扩张基本格局，海拔越高则建设用地开发难度和人口宜居性越差，而地势低平的地区对建设用地的扩张和建设则有着天然优势；人口密度与建设用地呈显著正相关关系，由于人口密度的增加意味着总人口的增加，而人口增长往往催化出更大的住房需求、更大的产业发展需求以及生活品质追求，这些需求的满足无疑都是建立在建设用地的扩张之上的；经济发展水平相关指标中，通过显著性检验的人均 GDP、第三产业 GDP 占比均与建设用地面积呈正相关关系，一般来说，人均 GDP 和第三产业 GDP 比重的上升意味着经济水平的高质量发展、产业结构的升级优化，在传统发展模式下上述指标的增长均能带来更多的建设用地扩张需求。此外固定资产投资的增长将促进建设用地的扩张，二者的正向关系是显而易见的，每增加 0.375 个单位的固定资产投资，建设用地面积将增长一个单位；值得注意的是，指代居民生活消费水平的社会消费品零售总额这一指标与建设用地面积有着显著正相关关系，是因为居民生活消费水平的提升往往对制造业、批发零售业等产业提出较大需求，对消费体验水平也有着更高期许，反馈在用地上则是需要更多的工业用地、物流仓储用地以及商业服务业用地等产业用地作为空间支撑，实质上促进了建设用地的开发利用；城镇化率的提高也将显著刺激建设用地扩张，主要是因为乡村人口大量涌入城镇，其衣食住行等需求将进一步刺激城镇空间扩张；此外，路网密度的增加反而会阻碍建设用地扩张，可初步理解为城镇空间内部交通路网的通达度提升有助于提高城市建成区土地的集约利用水平，减少城市的无序蔓延和扩张，具体的空间分异特征有待进一步挖掘。

2009—2019 十年间，广东省常住人口增长了 1883 万人，城镇化率由 63.40% 快速增长到了 71.40%，GDP 暴涨 175.5 倍，2019 年末达到 107671.1 亿元的新高度，取得了举世瞩目的经济发展和快速城镇化发展的巨大成就。2014 年《中共广东省委广东省人民政府关于促进新型城镇化发展的意见》（粤发〔2014〕13 号）出台，宣布全省城镇化发展迈上全新台阶，从追求速度和数量转型为高质量发展要求，这一点在 2019 年建设用地变化影响因子中也有所体现。高程对城镇空间开发的阻碍作用有所减小，人口密度增长对城市扩张的刺激作用也在减弱，人均 GDP、第三产业 GDP 占比、固定资产投资以及社会消费品总额对建设用地面积变化的影响均出现一定程度的下降；指代城镇化水平的城镇化率对建设用地变化的影响程度同样得到减少。积极探索上述指标在约束城市建设用地无序蔓延过程中作用空间分异特征，将有助于制定因地制宜的城市空间开发政策，以达到优化国土空间格局的目标。

5.3.2 地理加权回归分析

由于全局线性回归无法反映自变量在空间上的分异特征，因此需要建立地理加权回归模型来对空间分异现象进行解释。

5.3.2.1 模型拟合效果

统计学中通常利用 R^2 或调整 R^2（Adjusted R^2）作为度量回归拟合度的统计量，其值越高表示因变量对自变量的解释度越强，本研究构建的两个 GWR 回归模型拟合效果如表 5.6，表 5.7 所列。

表 5.6　2009 年广东省建设用地变化回归模型拟合效果对比

模型拟合参数	普通线性回归	地理加权回归
R^2	0.6140	0.7863
Adjusted R^2	0.5720	0.7610
Residual Squares	1.3520	0.7474

表 5.7　2019 年广东省建设用地变化回归模型拟合效果对比

模型拟合参数	普通线性回归	地理加权回归
R^2	0.6470	0.8467
Adjusted R^2	0.6090	0.8184
Residual Squares	0.9990	0.4340

2009 年广东省建设用地变化 GWR 回归模型 R^2 为 0.7863，处于较高的回归拟合水平，高于普通线性回归 R^2，残差平方和低于普通线性回归拟合结果；2019 年广东省耕地变化 GWR 回归模型 R^2 为 0.8467，高于普通线性回归的 0.6470，且残差平方和 0.4340 低于普通线性回归的 0.9990。上述模型拟合结果均证明了本研究构建的两个模型中解释变量能较好地解释因变量的变化水平，同时两个 GWR 模型的整体拟合效果均优于普通线性回归。

5.3.2.2　驱动机制分析

接下来本文将阐释各自变量回归系数的空间分异特征。

（1）自然环境因素

城镇空间的开发建设以自然条件为基底，山脉、水体等自然要素构成了工程建设的主要困难与挑战，自然环境构成了广东省各地区城市国土空间的基本格局。广东省各地区海拔不一，空间分异特征显著，其中北部、中部、东北部都分布较多山脉，平均海拔较高，而粤西地区、珠江三角洲地区和潮汕部分地区则分布有平均海拔较低的平原。一般来说，平原的地形条件更有利于城市开发建设，而海拔越高则会约束建设用地的开发利用，这一机制与各区县平均高程对建设用地开发利用的影响结果较为类似。在 GWR 模型回归结果（图 5.1）中，全省各区县平均高程均与建设用地面积呈负相关关系，其中中部、北部地区负向作用更大，而粤西地区和潮汕部分地区则作用较小，这一点与全省地形条件的空间分异特征较为接近。随着广东省城镇化的快速发展和工程建设技术的提升，平均高程对建设用地面积的约束作用在全省范围内均出现了一定程度的下降，但空间分布上仍与2009年作用特征基本保持一致。

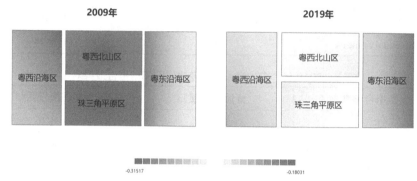

图 5.1　平均高程回归系数空间分异特征

（2）人口规模

人口密度是人口分布格局的一个有效反映，人口密度的增加本质上是人口总数的增加，而人口增长所带来的一系列衣、食、住、行问题都对建设用地空间提出了用地需求，一般来说，人口密度的增长会造成耕地面积的增加。在城市发展的粗放扩张期，人口密度的增加与城市建设用地的扩张有着强联系，城市用地不断向郊区"要空间"，城市内部空间积累了较多低效开发的建设用地，土地利用效率差。随着城市发展注重品质提升，强化对农业空间和生态空间的保护作用，单一粗放的外向扩张发展模式逐渐转向对内部存量用地的再开发和转型升级上来，这一发展模式既能提高城市内部空间的土地利用效率，又能提升空间紧凑度，是城市发展后期的一条有效发展道路。从 GWR 模型回归结果（图 5.2）来看，2009年全省经历经济发展和城市建设的黄金十年，人口快速增长、城镇空间大幅扩张，人口密度对建设用地扩张的正向作用普遍较为强烈。而经历新的十年高品质转型发展，人口这一要素对建设用地面积变化的作用强度出现转变，整体减小，并且呈现由外围到珠三角区域逐级减小的特征。主要是因为珠三角地区本身属于人口高度集聚的地区，且人口仍在持续增长，其建设用地占行政区总面积已经达到较高水平，在当前国土空间格局的约束下，建设用地继续外扩的难度越来越大，只能不断向内部、向高处要空间，因此人口因素对其建设用地扩张的影响作用逐渐减小。

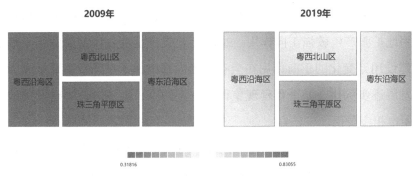

图 5.2　人口密度回归系数空间分异特征

（3）经济规模

1）人均 GDP。人均 GDP 能够衡量地区经济发展质量水平，是最重要的宏观经济指标之一。人均 GDP 的提升背后是产业的蓬勃发展，尤其是经济收益更大的二、三产业快速增长，而工业用地、物流仓储用地、商业服务业用地等产业用地，以及交通设施用地则是上述产业快速发展的空间载体。通常来说，充足的建设用地资源能够满足城市新工业园、产业园、开发区的建设，进而推动经济质量水平提升，但由于不同城市建设用地可拓展空间存在差异，可拓展空间较小的城市建设用地扩张难度则较大，只能不断向城镇空间内部挖掘存量，进行存量土地的盘活利用。从 GWR 模型回归结果（图 5.3）来看，人均 GDP 在粤西地区对建设用地扩张的正向作用较为强烈，而在粤北、粤东以及珠三角地区人均 GDP 增长对建设用地扩张影响偏弱。这一现象主要是由建设用地拓展空间和城市发展方式的差异造成的，珠三角地区建设用地开发强度大，粤东和粤北地区受制于地形条件，其建设用地的外扩空间都较为有限，扩张难度大，会更多地向城镇空间内部要存量

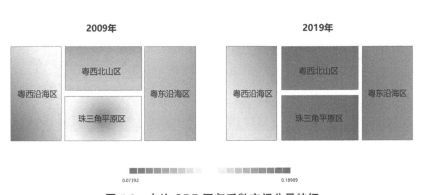

图 5.3　人均 GDP 回归系数空间分异特征

空间。粤西地区因为建设用地可拓展空间相对充足，因而人均 GDP 的增长将会对其建设用地扩张产生较强正向作用。2019 年建设用地变化模型回归结果显示人均GDP 对建设用地变化的正向作用在全省范围内都出现了下降，主要是因为近十年的城市发展逐步深化，城市蔓延现象得到一定约束，经济增长对建设用地扩张的促进作用也相应弱化。

2）第三产业 GDP 占比。一般来说，不同产业用地产出的单位经济效益存在差别，其中第三产业通常能够用较少的土地资源创造更高的经济价值。第三产业 GDP 占比的提升意味着该地区产业结构得到升级，加大了第三产业的投入。推动第三产业发展往往伴随着商业服务业用地等用地资源的需求，而这些用地一般会通过对耕地资源的侵占或者由第二产业的用地进行转化而获得，因此第三产业 GDP 占比这一指标对建设用地面积变化的影响，主要与各地区建设用地可拓展空间以及城市发展模式有关。从 GWR 模型回归结果（图 5.4）来看，珠三角区域由于建设用地可拓展空间有限，其产业结构升级过程中第三产业的用地需求一般通过"退二进三"的方式来满足，即通过腾退低效工业用地来从城镇空间内部进行扩张升级。粤北、粤东山区受制于地形条件，其可拓展产业用地空间同样处于相对低位，因而产业升级对建设用地面积扩张的影响相对较小。粤西地区拥有全省范围内较多的产业用地可拓展空间，在第三产业发展过程中新增产业园、物流园、合作区的用地拓展难度较小，因而对建设用地面积扩张的作用较为明显。随着各地区生态文明建设对国土空间格局提出较强的空间约束，各地区产业升级所带来的建设用地外向扩张刺激得到有效控制，全省范围内第三产业 GDP 占比对建设用地扩张的促进作用普遍减弱。

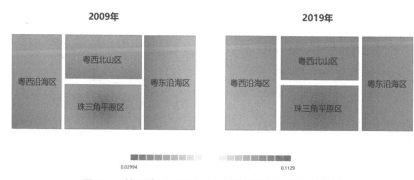

图 5.4　第三产业 GDP 占比回归系数空间分异特征

3）固定资产投资。固定资产投资是企业在一定时期内建造和购置固定资产的工作量以及与此有关的费用变化情况。包括房产、建筑物、机器、机械、运输工具，以及企业用于基本建设、更新改造、大修理和其他固定资产投资等。固定资产投资的增加在用地空间上的反馈主要表现在住宅用地、商业服务业用地、工业用地、物流仓储用地、交通运输用地以及公共管理与公共服务用地等建设用地资源的需求增大，在城市内部盘活存量建设用地难度比在城市外围开发新地大得多，因此在城市粗放扩张发展阶段，固定资产投资的增长通常以建设用地外向扩张为主，而随着建设用地可拓展面积减少，城市开发建设进入存量时代，从内部进行产业用地腾退、改造、升级将逐渐成为固定资产建设的主要方式。GWR 模型回归结果（图 5.5）显示，2009 年全省固定资产投资对建设用地的增长普遍存在较强的正向促进作用，这意味着城市建设用地的扩张存在较大比重的外向侵占情况，其中粤西地区正向作用最为强烈，主要是因为该地区建设用地可拓展资源较多，城市外向扩张拿地难度小。而近十年随着城市更新、三旧改造概念的提出和落实，以穗莞深地区为主的经济发达区率先进入存量规划时代，通过对旧城镇、旧厂房和旧村庄的大力改造，有效盘活了城镇空间内部的低效产业用地，并大大提升了土地资产价值，利用有限的土地资源创造了较大的经济效益，固定资产投资的方式由向外扩张拿地逐步转向为向内部要空间、向高处要空间，因此珠三角地区固定资产投资的增长对其建设用地扩张的刺激作用出现明显弱化。

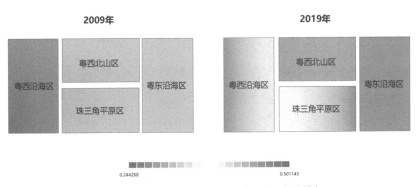

图 5.5　固定资产投资回归系数空间分异特征

（4）居民生活

在各类与消费有关的统计数据中，社会消费品零售总额是表现国内消费需求最直接的数据。社会消费品零售总额是国民经济各行业直接售给城乡居民和社会集团的消费品总额。它是反映各行业通过多种商品流通渠道向居民和社会集团供应的生活消费品总量，是研究国内零售市场变动情况、反映经济景气程度、表征居民生活水平的重要指标。社会消费品零售总额的增长意味着制造业、批发零售业、物流仓储业等产业的发展，一方面需要工业用地为制造业提供空间载体、需要物流仓储用地用于建设商品仓库，另一方面也需要更多的商业服务业用地作为批发零售的交易门户。建设用地拓展空间充足的地区可以通过兴建产业园、物流园以及大宗批发市场的方式来促进相关产业的发展，提高其社会消费品零售总额，而建设用地扩展空间有限的地区扩张难度较大。此外，由于各地区商品生产和销售体系完善程度不一，经济发展水平高、产业体系城市完善的地区增加相同的社会消费品零售总额所需要消耗的建设用地资源会少于落后地区。由 GWR 模型回归结果（图 5.6）来看，在建设用地拓展空间较为充足的粤西地区，社会消费品零售总额的增加会对建设用地扩张造成较为强烈的正向刺激作用，而建设用地拓展空间小的珠三角地区和粤北、粤东地区正向作用较小，且由于珠三角地区经济发展水平高，产业体系成熟，能够用较少的建设用地资源创造更多的经济价值，以满足居民生活品质提升的需求，进一步减弱了社会消费品零售总额这一经济指数对建设用地面积的刺激作用。全省经过十年的经济发展，全省加工制造体系、物流运输体系、商品销售体系都有了较大提升，社会消费品零总额在全省范围内对建设用地扩张的刺激整体减弱。

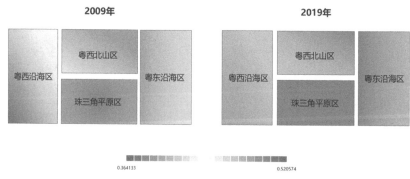

图 5.6 社会消费品零售总额回归系数空间分异特征

（5）城镇化水平

城镇化率是直接反映地区城镇化水平，也是区域经济社会发展水平的重要指标。经济学中城市化发展"S"型曲线（诺瑟姆曲线）表明世界城市发展的城市化进程分为三个阶段，如图 5.7 所示。

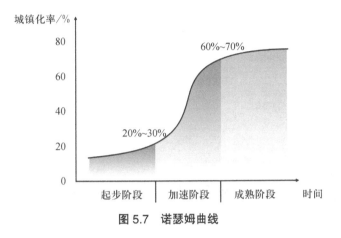

图 5.7　诺瑟姆曲线

1）起步阶段：城镇化率在 30% 以下，这一阶段农村人口占绝对优势，生产力水平较低，工业提供的就业机会有限，农村剩余劳动力释放缓慢。

2）加速阶段：城镇化率在 30%~70% 之间，城市化进入快速发展时期，城市人口可在较短的时间内突破 50%，进而上升到 70% 左右。

3）成熟阶段：城镇化率在 70% 以上，这一阶段也成为城市化成熟稳定阶段。

城镇化水平的提高，一方面意味着城镇人口比重的增加，另一方面也意味着城镇建设用地在总用地中规模的增加，因此城镇化水平对城市建设用地的增加应当是有着显著正向作用的。结合诺瑟姆曲线来看，随着城镇化进程来到成熟阶段，其城镇化水平已逐渐接近饱和，可拓展建设用地空间进一步收缩，继续提升城镇化水平难度更大、周期更长，因此在城镇化水平相对较高的地区城镇化率的提高对其建设用地的扩张作用相对较小，而在城镇化水平处于起步阶段和加速阶段的地区，城镇化率的提高将较大程度上促进其建设用地的扩张。GWR 模型回归结果（图 5.8）中，城镇化率对建设用地扩张的影响在空间上大致呈圈层分布，其中珠三角核心的穗莞深地区城镇化水平接近饱和，其建设用地扩张空间十分有限，而外围地区城镇化率对其建设用地扩张的作用则较为强烈。回归系数的空间分异特征基本与全省城镇化率空间分布一致，除珠三角核心区以及潮汕部分地区的城镇化水平进入成熟阶段外，外围大部分地区城镇化水平均处于加速阶段，少部分处于起步阶段。经过十年快速城镇化发展，广东省平均城镇化率达到成熟阶段，其对建设用地外向扩张的刺激也逐渐弱化。

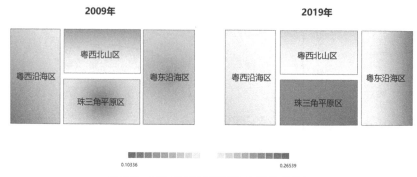

图 5.8　城镇化率回归系数空间分异特征

第六章 土地利用对策与建议

本章围绕全书阐释的广东省土地利用现状及变化特征,从典型地类驱动机制分析的角度有针对性地对耕地保护与建设用地开发利用提出了决策建议。

6.1 耕地保护对策建议

前文从全局线性回归和地理加权回归两种视角对广东省 2009 年、2019 年耕地面积变化的影响因子及驱动机制进行探索分析,明确了耕地资源保护的正向驱动因子、负向驱动因子,并结合各指标回归系数的空间分异特征阐释了其在不同地区对耕地资源保护的不同作用方式。总体来看,广东省耕地资源的保护利用还应当注意以下几个方面。

1)气候条件对耕地面积变化影响显著,恶劣的气候条件将破坏作物的正常生长环境,从而影响耕地产出效益,造成生产意愿下降、耕地撂荒等现象。从事农业生产的同时应当科学掌握当地气候特征,明确其气温和降水条件的变化特点,严格按照作物生长习性和种植特性来因地制宜地发展农业。

2)人口规模的增加往往催生更多的住房需求、产业发展需求以及公建配套需求,这些需求在用地上的反馈就是建设用地的扩张,对耕地资源造成一定威胁。广东省是人口大省,人口规模仍在不断增长,以珠三角地区为例,其城镇人口增长尤为迅速,如何协调建设用地扩张和耕地保护之间的用地矛盾,城市决策者和建设者应当进一步加强城市扩张方式的思考,促进城镇空间内部的集约化转型,减少无序的城市蔓延。

3)产业结构的转型提升是广东省继续促进经济发展的核心手段,不同地区产业结构各有特点,转型方式也存在差别,政府在进行财政扶持过程中应当避免二三产业扩张给耕地资源带来损害,更多地从盘活城市内部存量用地的角度进行思考。

4）广东省城镇化水平处于全国前列，但内部各地区城镇化空间差异明显，在制定城市发展目标和路径时，应当结合当前自身城镇化发展阶段选择合适的城市扩张模式，充分提高城镇空间内部建设用地的节约集约利用水平，严格约束人均建设用地等关键指标，减少无序的城市蔓延，提升城市内部用地紧凑度的同时加强对农业空间和生态空间的保护。

5）粮食产量和农业机械总动力这类农业发展水平指标，在一定程度上能够起到对耕地资源的保护作用，但由于农业发展基础和机械化水平有着明显的地域差别，这一正向作用也有着显著的空间分异特征。各地方政府应当结合自身发展条件，在促进农业发展、推动农业现代化、提高农业生产效能的道路上加以有力的政策扶持，自然能够刺激耕地复垦和农业生产意愿，进而实现对耕地资源的保护与有效利用。

6）建议国家和省层面尽快制定出台耕地种植管护制度，同时进一步加大耕地种粮补贴激励机制，防止耕地撂荒或改种其他农作物，避免因农业种植结构调整造成耕地减少。建立健全耕地种粮监测评价体系，开展耕地卫片监督，建立耕地保护动态监测监管工作机制，进一步明确耕地"非农化""非粮化"行为的处罚措施和问责机制，对耕地保护工作成效显著的地区予以倾斜奖励。

耕地面积的变化是多要素协同影响的，要真正做好耕地保护工作，加强生态文明建设，需要充分认识自然、社会两大维度的发展条件，再结合多重影响因子的内在驱动机制和地区分异特征，制定适合本土发展的有效政策，才能多管齐下，实现耕地保护的建设目标。

6.2 建设用地开发利用对策建议

本节分别从全局线性回归和地理加权回归两种视角对广东省 2009 年、2019 年建设用地面积变化的影响因子及驱动机制进行了探索分析，回归结果中自然地形高程对建设用地扩张有着一定的负向影响，而社会经济因素中大部分对于建设用地扩张均有着显著的正向作用，各因子回归系数在空间上的分异特征明显。总体来看，广东省各地区城市开发建设过程中应当注意以下几个方面。

1）珠三角地区城镇化水平高、产业体系完善，城市扩张方式已从向外拓空间转变为存量开发，通过盘活自身城镇空间内部的低效建设用地、推进城市更新改造等方式来实现产业结构转型升级和居民生活品质的提升。尽管存量开发的难度较大，但有效避免了城市不断扩张对农业空间和生态空间造成威胁，起到了平衡国土空间格局、推动生态文明建设的作用。在未来城市发展过程中应当在存量开发的基础上，进一步实现产业升级和建设用地的集约节约利用，最终迈向用更少的地创造更高的价值的减量时代。

2）粤北、粤东较多区域仍处于城镇化水平快速提升、城市建设用地需求较大的发展阶段，考虑到大部分地区受制于地形条件影响，建设用地可拓展空间十分有限，政府在引导城市开发建设时要尽量避免过于追求经济发展的数量、设置过高的经济发展目标，而应当平衡城市开发建设需求和国土空间格局约束，大力推进自身产业升级，提高建成区土地利用效率。

3）粤西地区由于城镇化发展水平相对落后，建设用地可拓展空间大，因此在经济社会发展过程中容易出现城市蔓延等过度扩张问题。粤西地区城市建设的决策者应当借鉴珠三角等城镇化进入成熟阶段地区的建设经验，找准自身城市发展定位，平衡和协调好城镇空间、农业空间、生态空间的关系，实现有方向、有质量、有保障的发展目标。

城市开发建设不可盲目追求"数字"目标，而应充分认识自身发展条件，明确发展定位，掌握好建设用地面积变化多重影响因子的内在机理，在遵循城镇化演进的科学规律的同时，努力避免城市蔓延、破坏国土空间格局等问题的发生，实现城市健康发展。

参考文献

［1］史培军，袁艺，陈晋．深圳市土地利用变化对流域径流的影响 [J]．生态学报，2001，21（07）：1041–1050.

［2］刘英，赵荣钦．土地利用 / 覆盖变化研究的现状与趋势 [J]．河北师范大学学报（自然科学版），2004，28（03）：310–315.

［3］刘振杰，刘洛，孙璐等．分时序广东省土地利用变化的时空格局和驱动力分析 [J]．江苏农业科学，2018，46（18）：253–260.

［4］李文婷．湖南省土地利用时空变化特征分析 [D]．湖南：湖南农业大学，2018.

［5］高金龙，陈江龙，苏曦等．中国城市扩张态势与驱动机理研究学派综述 [J]．地理科学进展，2013，32（05）：743–754.

［6］方创琳，刘晓丽，蔺雪芹等．中国城市化发展阶段的修正及规律性分析 [J]．干旱区地理，2008（04）：512–523.

［7］刘殿锋，周泊远，何建华等．空间交互视角下中国城市群耕地变化影响因素分析 [J]．农业工程学报，2019，35（16）：374–283.

［8］赵晓丽等．中国近 30 年耕地变化时空特征及其主要原因分析 [J]．农业工程学报，2014，30（03）：1–11.

［9］刘纪远等．2010—2015 年中国土地利用变化的时空格局与新特征 [J]．地理学报，2018，73（05）：789–802.

［10］吕晓，黄贤金．建设用地扩张的研究进展及展望 [J]．地理与地理信息科学，2013，（06）：51–58.

［11］张利，雷军，李雪梅等．1997—2007 年中国城市用地扩张特征及其影响因素分析 [J]．地理科学进展，2011，（05）.

［12］方创琳．中国城市化进程亚健康的反思与警示 [J]．现代城市研究，2011，26（08）：5–11.

［13］陈明星，隋昱文，郭莎莎等 . 中国新型城镇化在"十九大"后发展的新态势 [J]. 地理研究，2019，38（01）：181-192.

［14］刘彦随，乔陆印 . 中国新型城镇化背景下耕地保护制度与政策创新 [J]. 经济地理，2014，34（4）：1-6.

［15］周烨 . 城市化时空演变的多元多尺度分析及其扩张模拟预测研究 [D]. 浙江：浙江大学，2019.

［16］王丽萍，周寅康，薛俊菲等 . 江苏省城市用地扩张及驱动机制研究 [J]. 中国土地科学，2005，（06）：28-31.

［17］马荣华，顾朝林，蒲英霞等 . 苏南沿江城镇扩展的空间模式及其测度 [J]. 地理学报，2007，（10）：1011-1022.

［18］叶玉瑶，张虹鸥，刘凯等 . 地理区位因子对建设用地扩展的影响分析：以珠江三角洲为例 [J]. 地理科学进展，2010，29（11）：1433-1441.

［19］吴一凡，刘彦随，李裕瑞等 . 中国人口与土地城镇化时空耦合特征及驱动机制 [J]. 地理学报，2018，73（10）：1865-1879.

［20］张耀宇，陈利根，宋璐怡等 . 中国城市用地扩张驱动机制的差异性研究 [J]. 资源科学，2016，38（01）：30-40.

［21］李佳丹 . 浙江省城市化空间格局演变及耕地保护研究 [D]. 浙江：浙江大学，2014.

［22］黎夏，叶嘉安 . 利用遥感监测分析珠江三角洲的城市扩张过程——以东莞市为例 [J]. 地理研究，1997，16（4）：56-62.

［23］黎夏，叶嘉安，刘小平 . 地理模拟系统在城市规划中的应用 [J]. 城市规划，2006，30（6）：69-74.

［24］冯永玖，杨倩倩，崔丽等 . 基于空间自回归 CA 模型的城市土地利用变化模拟与预测 [J]. 地理与地理信息科学，2016，32（05）：37-44.

［25］冯永玖，刘妙龙，韩震 . 集成遥感和 GIS 的元胞自动机城市生长模拟——以上海市嘉定区为例 [J]. 长江流域资源与环境，2011，20（01）：9-13.

［26］刘小平，黎夏，叶嘉安等 . 利用蚁群智能挖掘地理元胞自动机的转换规则 [J]. 中国科学，2007，（06）：824-834.

［27］许学强，周一星，宁越敏 . 城市地理学 [M]. 2 版 . 高等教育出版社，2009.

［28］赵爱军.关于开展第三次全国土地调查的实践探讨[J].西部资源，2020（03）：173-175.

［29］邵景安，李阳兵，魏朝富等.区域土地利用变化驱动力研究前景展望[J].地球科学进展，2007（08）：798-809.

［30］杨梅，张广录，侯永平.区域土地利用变化驱动力研究进展与展望[J].地理与地理信息科学，2011，27（01）：95-100.

［31］娄和震，杨胜天，周秋文等.延河流域2000—2010年土地利用/覆盖变化及驱动力分析[J].干旱区资源与环境，2014，28（04）：15-21.

［32］李凤霞，石辉，冯晓刚等.西安市土地利用格局动态演变及其驱动力研究[J].测绘通报，2015（12）：41-45+56.

［33］秦富仓，周佳宁，刘佳等.内蒙古多伦县土地利用动态变化及驱动力[J].干旱区资源与环境，2016，30（06）：31-37.

［34］马晴，李丁，廖杰等.疏勒河中下游绿洲土地利用变化及其驱动力分析[J].经济地理，2014，34（01）：148-155.

［35］于海影，韦安胜，陈竹君.基于RS和GIS的杨凌区土地利用变化及驱动力分析[J].水土保持研究，2014，21（05）：79-83.

［36］覃文忠，王建梅，刘妙龙.混合地理加权回归模型算法研究[J].武汉大学学报（信息科学版），2007，Vol.32（2）：115-119.

［37］玄海燕，李帅峰.时空地理加权回归模型及其拟合[J].甘肃科学学报，2011，23（4）：119-121.

［38］Crow TR, Host G E, Mladen off D J. Ownership and ecosystem as Sources of spatial heterogeneity in a forested landscape, Wisconsin, USA [J]. Landscape Ecology, 1999, 14: 449-463.

［39］Kasperson Jeanne, REKasperson, BLTurner. Regions at risk 2 Comparisons of threatened environments Tokyo, NewYork, Paris: United Nations University Press, 1995.

［40］Gobin A, Campling P, Feyen J. Logistic modelling to derive agricultural land use determinants: a case study from south-eastern Nigeria. A culture, Ecosystems and Environment, 2002, 89: 213-228.

［41］Bakkera M. M, Goversb G, Kosmasc C, et al. Soil erosion as a driver of land-use change. Agriculture, Ecosystems and Environment, 2005, 105: 467–481.

［42］Celia G. R. , Alexandre 2. . , Alexandre 2. . , Bruno M. A multi–agent model system for land–use change simulati–on. [J]. Environmental Modelling &Software, 2013, (42): 30–46.

［43］Fotheringham A S, Brunsdon C, Charlton M. Geo–graphically Weighted Regression: The Analysis of Spatially Varying Relationships [M]. Chichester: Wiley, 2002.

［44］Paez A. Local Analysis of Spatial Relationships: A Comparison of GWR and the Expansion Method [C]. The 5th International Conference on Computational Science and Its Applications, Singapore, 2005.

［45］Brunauer W, Lang S, Umlauf N. Modelling house prices using multilevel structured additive regression [J]. STATISTICAL MODELLING –LETCHWORTH–, 2010, 13 (2): 95–123.

［46］Pineda, EduardoRodríguezMendoza, Clara A. Distribución y abundancia de Craugastor vulcani: una especie de rana en riesgo de Los Tuxtlas, Veracruz, México [J]. Revista Mexicana De Biodiversidad, 2010, 81 (1): 133–141.

［47］Farber S, Páez A. A systematic investigation of cross validation in GWR model estimation: empirical analysis and monte carlo simulations. J Geogr Syst. 2007；9: 371–96.

［48］Tobler, W. R. (1970)A Computer Movie Simulating Urban Growth in the Detroit Region. Economic Geography, 46, 234–240.